AVEC MON MEILLEUR SOUVENIR

FRANÇOISE SAGAN

AVEC
MON MEILLEUR
SOUVENIR

nrf

GALLIMARD

A ma mère.

J'aurais voulu montrer aux enfants ces dorades
Du flot bleu, ces poissons d'or, ces poissons chantants.

Rimbaud
Le Bateau ivre

Billie Holiday

New York est une ville de plein air, coupée au cordeau, venteuse et saine, où s'allongent deux fleuves étincelants : l'Hudson et l'East River. New York vibre nuit et jour sous des coups de vents marins, odorants, chargés de sel et d'essence — le jour —, et d'alcool renversé — la nuit. New York sent l'ozone, le néon, la mer et le goudron frais ; New York est une grande jeune femme blonde, éclatante et provocante au soleil, belle comme ce « rêve de pierre » dont parlait Baudelaire, New York qui cache aussi, comme certaines de ces grandes femmes trop blondes, des zones sombres et noires, touffues et ravagées. Bref, si le lecteur veut bien me passer ce lieu commun — et d'ailleurs que peut-il faire d'autre ? — New York est une ville fascinante.

Et fascinée, je le fus, tout de suite, dès la première fois où je m'y rendis, mais invitée alors par mon éditeur et avec la rançon de cette invitation : les castagnettes et les contraintes de l'auteur en piste. Aussitôt rentrée à Paris, je rêvai de revenir libre, ce que je fis, un an ou deux plus tard : libre de tous les liens, refusant même ceux de la solitude puisque je m'y rendis avec un très bon ami nommé Michel Magne, compositeur reconnu depuis pour ses musiques de film et ses recherches sur synthétiseurs. Michel Magne ne possédait pas un mot d'anglais, mais débordait d'humour, supportait même sans trop de jurons que les passants jetassent leurs peaux de banane et leurs mégots dans la boîte où lui-même postait ses lettres d'amour, boîte pourtant clairement indiquée à ses yeux par le mot « litters ». De toute façon, il avait la même obsession que moi depuis dix ans (je devais en avoir vingt-deux ou vingt-trois à l'époque dont je parle) : rencontrer, écouter chanter de sa « vive voix » Billie Holiday, la Diva du Jazz, la Lady du Jazz, Lady Day, la Callas, la Star, la Voix du Jazz. Elle était pour Michel Magne comme pour moi la Voix de l'Amérique, non pas encore pour nous la voix douloureuse et déchirée de l'Amérique noire, mais plutôt la voix voluptueuse, rauque et capricieuse du jazz à l'état pur. De *Stormy Weather* à *Strange Fruits*, de *Body and Soul* à *Solitude*, de Jack Teagarden à Barney Bigard, de Roy Eldridge à Barney Kessel, nous avions, Michel Magne et moi, séparément mais au même âge, pleuré à verse ou ri de plaisir en l'écoutant.

A peine débarqués au Pierre, le seul hôtel que je connusse puisque c'était là que m'avait cantonnée mon fastueux éditeur pour ma première visite, nous demandâmes, nous réclamâmes, nous exigeâmes Billie Holiday. Nous l'imaginions triomphant comme d'habitude au Carnegie Hall. On nous apprit avec mille mines confites et confuses la chose suivante — qui maintenant ferait se tordre de rire tous les directeurs de music-halls au monde : Madame Billie Holiday ayant dernièrement pris quelque stupéfiant en scène, était interdite de représen-

17

tation à New York pour quelques mois !...
L'Amérique était encore, en 56, bien puritaine
dans ses formes et bien rancunière si j'y pense.
Bien rancunière puisqu'il nous fallut trois jours
pour savoir que Billie Holiday chantait dans
une boîte du Connecticut. « Dans le Connecticut ? Qu'à cela ne tienne. Taxi ? Nous allons
dans le Connecticut. » Le Connecticut ne corres-
pondait pas aux Yvelines comme nous l'imaginions, et nous fîmes près de trois cents kilomètres dans un froid glacial avant d'entrer, Michel
Magne et moi, dans un endroit extravagant,
perdu, ou qui me parut tel : le genre de boîte de
« country music », avec un public peu brillant,
bavard, braillard et agité, d'où nous vîmes
soudain surgir une femme noire et forte, longue,
avec des yeux fendus, qu'elle ferma un instant
avant de se mettre à chanter et de nous faire
chavirer aussitôt dans des galaxies : gaies,
désespérées, sensuelles ou cyniques selon son
gré. Nous étions au comble du bonheur, nous
n'avions rien rêvé de plus. Et je crois que nous
aurions refait les trois cents kilomètres de
retour dans ce froid et dans ce même bonheur, si
quelqu'un ne s'était brusquement avisé de nous

18

présenter à elle. On lui expliqua que ces deux petits Français avaient franchi les immensités de l'Atlantique et les banlieues de New York et les frontières du Connecticut dans le seul but de l'entendre. « Oh dears ! dit-elle, tendrement. How crazy you are !... »

Deux jours plus tard, nous la retrouvâmes chez Eddie Condon à 4 heures du matin — heure qu'elle considérait apparemment comme la seule raisonnable et la plus commode pour tout le monde. Eddie Condon était, je crois, propriétaire d'une boîte de nuit très prisée à l'époque, une boîte pour Blancs, située dans le bas de la ville, et dont le patron donc aimait assez le jazz pour confier sa boîte, une fois le dernier soiffard parti, à des musiciens assoiffés d'autre chose. A 3 h 30 il ferma la grande porte, et nous entrâmes par l'entrée de service dans une boîte de nuit immense et presque noyée dans l'obscurité : seul se détachait le blanc des nappes déjà prêtes pour le lendemain et seuls étincelaient sous les spots, sur la scène, le piano, une basse et les silhouettes de cuivre des trompettes.

Nous passâmes quinze jours — ou plus exactement quinze aubes — de 4 heures du matin jusqu'à 11 heures ou midi, dans cette boîte incessamment enfumée à écouter Billie Holiday chanter. Michel l'accompagnait parfois au piano, ce qui le rendait fou d'orgueil, et quand ce n'était pas lui, c'était l'un des innombrables musiciens, l'un des adorateurs de Billie Holiday qui, alertés par les mille tam-tams du jazz, répercutés dans la nuit de New York, rappliquaient tous, les uns après les autres, à une aube ou une autre, d'un club ou d'un autre. Côté public, il n'y avait que nous les Français, deux ou trois amis de Lady Day et de son mari, son homme de l'époque, un grand type sombre avec qui elle parlait violemment. Du côté scène, il y avait, outre Cozy Cole à la batterie, vingt jazzmen célèbres, plus célèbres les uns que les autres. Gerry Mulligan jouait en duo avec la voix de notre amie — celle qui était devenue notre amie à présent — à travers des flots d'alcool, des éclats de rire, des incompréhensions et parfois des colères, tout aussi rapides à naître qu'à disparaître. Notre amie Billie Holiday qui nous tapotait la tête comme à des enfants, et de qui nous séparait, sans que nous en eussions même l'idée, tout un passé tragique, tout un destin terrifiant, toute une vie tumultueuse et violente mais talentueuse et apte à exaucer ses goûts comme à gommer ses dégoûts, simplement en fermant les yeux et en laissant jaillir de sa gorge cette sorte de gémissement amusé, cynique et si profondément vulnérable... inimitable, le cri d'une personnalité triomphante et despotique, royale dans son parfait naturel, car il n'y avait rien de sophistiqué chez elle, rien d'apparemment compliqué. J'ignorais alors qu'une existence en elle-même pût combler tous les dédales du cerveau le plus renfermé et le plus pervers. J'ignorais qu'elle fût un corps à vif, presque en sang, qui s'enfonçait dans la vie à travers des coups ou des caresses qu'elle défiait, semblait-il, par sa simple respiration. C'était une femme fatale, dans le sens où la fatalité s'en était prise à elle dès le départ et ne l'avait jamais quittée ; et ne lui avait laissé comme seule défense, après mille blessures et mille plaisirs également violents, que cette intonation humoristique dans la voix : cette note bizarrement rauque quand elle était partie très loin, ou très bas, et qu'elle revenait brusquement à nous par le biais de son petit rire gouailleur et de ses yeux orgueilleux et craintifs.

Nous dormions fort peu ces jours-là et je jurerais avoir parfois remonté à pied la Cinquième Avenue, au beau milieu et en plein soleil, seule avec elle et Michel, seuls dans une ville déserte où après les cris des saxophones, les roulements de la batterie et les éclats de sa voix, il n'existait plus, par un phénomène de saturation, que l'écho de nos trois pas sur le trottoir. Je pourrais jurer avoir vu New York à midi parfaitement vide à l'exception de cette grande femme et son taciturne compagnon qui, nous ayant rapidement étreints, disparaissaient dans une de ces longues voitures noires et poussiéreuses, issues des plus fatidiques « séries B » policières. Mais je serais incapable de dire ce que nous faisions d'autre dans la journée. A part quelques heures malgré nous concédées au sommeil, il me semblait que nous errions comme des zombies dans une ville sourde et muette dont le seul point vivant, le seul refuge était cette scène, la lumière blafarde de ses spots, ce piano éreinté... et cette femme qui parfois disait qu'elle avait trop bu pour chanter et mélangeait alors les paroles de ses couplets en plaisantant, leur trouvant des substituts cocasses et déchirants dont aucun ne m'est resté en mémoire. Ce que, bizarrement, je n'ai jamais regretté : New York était devenue une ville si noire et sombre — mis à part les éclats de sa voix — que nous y bercions nos fatigues et notre abandon, notre ivresse, en une nuit tiède et scandée comme la mer. Une mer où tout souvenir précis n'eût pu surnager sans paraître une épave ou une trivialité.

C'est par une nuit noire aussi que je la retrouvai un an ou deux ans plus tard à Paris. J'avais dû lui écrire une fois ou deux pour la remercier, lui demander de ses nouvelles mais elle n'avait pas répondu ; ce n'était pas quelqu'un à lettres, et c'est par les journaux que je sus qu'elle allait chanter un soir au Mars' Club, impasse Marbeuf. J'avais perdu Michel Magne de vue, et c'est avec mon mari que j'allai l'écouter. Nous arrivâmes bien avant elle dans cette petite boîte sombre, à mille lieues du gigantesque Eddie Condon, plus intime et plus effrayante aussi puisqu'il y avait ce soir-là, même limité, un vrai public. Vers minuit, alors que je piaffais, quelqu'un poussa la porte et entra, suivi d'un groupe bruyant. C'était Billie Holiday et ce n'était pas elle : elle avait maigri, elle avait vieilli, et sur ses bras se rapprochaient de plus en plus des traces de piqûres. Elle n'avait plus cette assurance naturelle, cet équilibre physique qui la laissait si marmoréenne au milieu des tempêtes et des vertiges de sa vie. Nous tombâmes dans les bras l'une de l'autre. Elle se mit à rire, et à l'instant je retrouvai l'exaltation, l'exultation enfantine et romanesque d'un New York déjà lointain, un New York uniquement voué à la musique et à la nuit, comme certains enfants le sont au bleu et au blanc. Je lui présentai mon mari un peu déconcerté par sa présence à la fois si naturelle et si exotique ; et ce n'est qu'à ce moment-là que je me rendis compte des millions d'années-lumière qui nous séparaient, ou plutôt des millions d'années obscures qui me séparaient d'elle, et qu'elle avait si merveilleusement, si amicalement, bien voulu gommer pendant ces quinze jours à présent révolus. Tout ce qui avait été écarté de notre première rencontre, et qui était le problème de sa race, de son courage, de sa lutte à mort contre la misère, les préjugés, l'anonymat, les Blancs et les pas-Blancs, contre l'alcool, les mauvais ennemis, contre Harlem, contre New York, contre les fureurs que peut provoquer une couleur de peau et celles, presque aussi violentes, que peuvent provoquer le talent et le succès. A tout cela, elle ne nous avait jamais laissé penser, ni Michel, ni moi, et nous aurions peut-être bien dû y penser tout seuls. Nous, les sensibles Européens, avions été les insouciants barbares de l'histoire. Et cette idée me mit au bord des larmes, que la suite de la soirée ne put vraiment sécher.

Billie Holiday était accompagnée, non plus de son mari, mais de deux ou trois jeunes gens, suédois ou américains, je ne sais plus, aux petits

soins pour elle mais, semblait-il, aussi étrangers
à son destin que je l'étais moi-même. Admiratifs
et inefficaces, ils n'avaient rien organisé pour
cette soirée et il n'y avait même pas, chose
extravagante, le moindre micro en vue, sur le
piano noir où elle s'appuyait déjà, l'air insensi-
ble aux applaudissements. Cela fit un bel
embrouillamini. On se mit à quatre pattes pour
arranger le vieux micro qui crachotait bêtement, quelqu'un courut à La Villa d'Este ou ailleurs pour en chercher un autre, tout le monde
s'énerva, s'agita en vain, et elle vint s'asseoir au
bout d'un moment, comme résignée, à notre
table où elle se mit à boire distraitement,
s'adressant à moi parfois de sa voix rauque,
enfumée et sarcastique, tout à fait indifférente à
ce qui se passait autour de nous et à son sujet.
Elle parla peu à mes amis, sinon pour demander
à mon premier mari s'il me battait, ce que, ironique, elle s'exclamait qu'il aurait dû faire
— à mon grand dam. Mes reproches la firent
rire, et durant une minute je retrouvai l'écho de
son rire chez Eddie Condon ; quand nous étions
tous, semblait-il, si jeunes et si heureux et si
doués, quand le micro marchait ou plutôt — et

ça, je n'osai pas me le formuler — quand elle n'avait pas besoin de micro pour chanter. Finalement, avec ou sans micro, je ne sais plus, elle chanta quelques airs, accompagnée par un quartette incertain qui essayait de suivre les détours imprévisibles de sa voix, devenue elle aussi incertaine. Mon admiration était telle, ou la force de mes souvenirs, que je la trouvai admirable malgré l'imperfection terrible et dérisoire de ce maigre récital. Elle chantait les yeux baissés, elle sautait un couplet, reprenait son souffle difficilement. Elle se tenait au piano comme à un bastingage par une mer démontée. Les gens qui étaient là étaient venus sans doute dans le même esprit que moi, car ils l'applaudirent frénétiquement, ce qui lui fit jeter vers eux un regard à la fois ironique et apitoyé, un regard féroce en fait à son propre égard.

Après ces quelques couplets, elle vint s'asseoir un instant avec nous, vite, très vite car elle repartait le lendemain, je crois, pour Londres ou elle ne savait plus où en Europe. « De toute manière, darling, me dit-elle, you know, I am going to die very soon in New York, between two cops. » Je lui jurai que non, bien entendu. Je ne pouvais pas et je ne voulais pas la croire ; toute mon adolescence bercée par sa voix, fascinée par sa voix, refusait de la croire. Aussi fus-je tout d'abord stupéfaite, quelques mois plus tard en ouvrant le journal, de voir que Billie Holiday était morte la nuit d'avant, seule, dans un hôpital, entre deux flics.

Le jeu

Nous nous rencontrâmes un 21 juin, lui et moi. Née le jour de l'été, j'allai à sa rencontre, le soir même de mes vingt et un ans, d'un pas décidé : au Palm Beach de Cannes où j'entrai flanquée de deux parrains, amusés de voir mes débuts sur les tapis verts. Ils virent le début de ma course en effet, mais n'en virent pas la suite : j'avais échappé à leur vue et galopais sans eux de casino en casino.

(*N. B.* : Contrairement à ce qui s'est dit, je n'ai pas laissé des « fortunes » sur lesdits tapis verts, n'en ayant jamais eu, bizarrement, à ma disposition. Je n'y ai laissé que les reliquats de mon train de vie, train de vie non pas de luxe mais de rêve : un rêve qui supposait, pour moi,

31

l'absence de toute préoccupation matérielle et, autour de moi, l'absence de tout visage soucieux ou ravagé par autre chose qu'un chagrin d'amour. La protection que j'ai toujours tenu à assurer de mes jours présents, à l'exclusion de ceux à venir, ne m'a jamais laissé la moindre fortune à dilapider dans les jeux de hasard. Je n'ai donc eu aucun mal à jouer constamment au-dessus de mes moyens, ce qui est le principe même du jeu. De plus, bizarrement, je gagne plutôt au jeu, et les directeurs des casinos que j'ai pu fréquenter doivent ricaner amèrement quand on leur parle des millions que j'aurais laissés chez eux. J'ai tenu à cette parenthèse pour qu'on ne me soupçonne pas de masochisme ni qu'on ne voie pour moi, dans le jeu, un mauvais compagnon. De même que mes amis ont été de vrais amis, le hasard a toujours été pour moi un bon compagnon, versatile bien sûr, mais dans les deux sens.)

Cette première rencontre donc se déroula dans le faste. La fin juin à Cannes, en cette époque-là, voyait s'affronter les gros clients du

Palm Beach. Il y avait Darryl Zanuck, les Cognac Hennessy, je crois, Jack Warner et autres potentats, grands joueurs devant l'Eternel. Prudemment, on me tint à l'écart de cette table, et j'assistai, plus ahurie qu'impressionnée, à ce combat de titans. J'appris les règles du chemin de fer, et j'appris qu'avec deux cartes, pour peu que leur valeur totale fût un 8 ou un 9, on pouvait gagner 50 millions anciens d'un seul coup, quitte à les remettre en jeu pour en gagner 100 ou tout perdre, toujours avec deux cartes. Plus que l'énormité des sommes, c'est la rapidité de leur déplacement qui me fascina. Je m'imaginais jouant mon destin, comme ça, en deux coups. J'ignorais qu'au casino comme ailleurs, la fortune se traduit par des chèques, que ces chèques sont acceptés plus ou moins volontiers par ledit casino, et que la prudence souvent sordide des directeurs de salles est un frein parfois secourable, parfois fatal à la folie des joueurs. Je finis par atterrir avec mes anges gardiens, ou plutôt mes lâche-démons, à une petite table de roulette où je découvris avec étonnement que mes numéros favoris étaient le 3, le 8 et le 11 — détail que j'ignorais sur moi-même et qui se révéla définitif. Je découvris que je préférais le noir au rouge, les impairs aux pairs, les manques aux passes et autres choix instinctifs sûrement passionnants pour des psychanalystes. Je perdis un peu puis touchai un numéro plein, ce qui me parut tout naturel mais provoqua la stupeur de mes compagnons. « Pensez donc, au bout de cinq minutes, un numéro plein ! » J'allai perdre mes gains sur une table de chemin de fer, et devant mes difficultés à lire ces cartes non chiffrées, on m'adjoignit un charmant croupier qui décida à ma place de la conduite à tenir. Je découvris ainsi qu'à chance égale je ne tirais pas à 5 (tout joueur qui lira ce récit aura ainsi un « profil » complet de ma manière de jouer). Par rapport à moi-même, je découvris aussi que, nulle part autant que là, il importait de dissimuler ses sentiments. Ayant vu en l'espace d'une soirée se peindre sur les visages — avec l'intensité, l'excès qu'y mettent certains mauvais acteurs — la méfiance, la crédulité, la déception, la fureur, l'emportement, l'entêtement, l'exaspération, le soulagement, l'exultation, et même, encore plus mal jouée, l'indifférence, je décidai que, quoi qu'il m'arrivât par la suite, j'opposerais toujours au destin, quels que soient ses coups ou ses caresses, un visage souriant, voire affable. De même que mes numéros préférés, cette attitude n'a pas changé d'un iota. J'ai même été félicitée pour mon flegme par des Anglais plus que flegmatiques, et j'avoue en tirer plus de vanité que des quelques autres vertus que j'ai pu ou cru déployer dans mon existence.

Je ne chercherai pas ici à expliquer l'attrait du jeu : on l'a ou on ne l'a pas ; on naît joueur comme on naît rouquin, intelligent ou rancunier. Que le non-joueur saute les quelques pages et les quelques anecdotes qui vont suivre et qui ne peuvent réjouir ou faire frémir que mes coréligionnaires. Il est vrai que le jeu est une habitude profondément absorbante ; il est vrai qu'on peut laisser attendre deux heures l'être humain qu'on aime le plus si on est dans un jeu un peu savoureux. Il est vrai qu'on peut profondément oublier ses dettes, ses contraintes et ses restrictions en suivant un sabot, quitte à se retrouver une heure plus tard avec des problèmes décuplés. Mais cela après une heure qui vous a fait battre le cœur, oublier le sablier du temps, oublier le poids de l'argent, oublier les entraves « tentaculaires » de la société. Il est vrai que, pendant qu'on joue, l'argent redevient ce qu'il ne devrait jamais cesser d'être : un jouet, des jetons, quelque chose d'interchangeable et d'inexistant dans sa nature même. Il est vrai aussi que les vrais joueurs sont rarement méchants, rarement avares, rarement agressifs ; la tolérance en général les habite comme elle habite tous ceux qui ne craignent pas de perdre ce qu'ils ont ; ceux qui considèrent toute possession matérielle ou morale comme provisoire, qui considèrent toute défaite comme un aléa et toute victoire comme un cadeau du ciel.

Plus encore que les casinos, où la rapidité des événements provoque une frénésie parfois désagréable à ressentir, les champs de courses sont la preuve de ces allégations. Sauf les jours de Grand Prix à Longchamp, il n'y a en général sur les pelouses du P.M.U. aucune trace de ces préjugés qui empoisonnent l'existence des peuples dits démocratiques. Il n'y a pas de différence sociale, il n'y a pas de riches ou de pauvres : il n'y a que des gagnants ou des perdants, et le montant de leurs gains ou de leurs pertes n'a aucune importance. J'ai vu des débardeurs consoler Guy de Rothschild, quand son cheval n'arrivait pas, avec une sincérité des plus évidentes. J'ai vu des riches Parisiennes supplier les barmen de leur donner un tuyau et des bons à rien notoires faire l'objet de l'admiration générale en brandissant un ticket de 10 francs. Plus que de leur vice, de leur fanatisme et de leur fatal entraînement, on devrait se souvenir de ce que les joueurs sont surtout des enfants ; et s'il peut arriver que ce soit la nourriture de leurs chers bambins qu'ils risquent sur un tocard inconnu, c'est bien plutôt de leur réputation qu'il s'agit pour eux : être un gagnant tout un après-midi à Auteuil ou à Vincennes, accumuler les intuitions sur sept courses d'affilée procure un vedettariat, une gloire auxquels peu d'hommes, ni d'ailleurs de femmes dignes de ce nom, peuvent résister facilement. En revanche, avoir la « cerise » une semaine d'affilée et ne pas « toucher » un cheval fait de vous un paria, un être maudit, aussi malheureux que ces croyants du Moyen Age qui s'imaginaient avoir perdu la grâce et que Dieu ne les aimait plus.

Mais enfin, revenons au jeu, au vrai jeu, c'est-à-dire à celui qui vous entraîne plus loin qu'on ne le pense, et qui se révèle bien évidemment moins dangereux aux courses qu'au casino. Les guichets du P.M.U. ne font pas crédit, n'acceptent pas de chèques, et beaucoup de malheureux s'esquivent après la troisième ou la quatrième course, mélancoliquement mais obligatoirement. Au casino, en revanche, pour peu qu'on dispose d'un certain crédit, les choses s'aggravent. A vingt et un ans, j'étais supposée être milliardaire, et cette délicieuse conviction baignait encore quelques directeurs de salle. Je me retrouvai vite, trois mois après mes débuts, au Casino de Monte-Carlo, dans une partie épique où j'avais pour voisin Farouk lui-même. Je ne savais toujours pas lire ces cartes muettes et il m'arriva les deux incidents suivants : ayant

1 en main, et croyant avoir 7, je ne tirai pas, et Farouk avec 4 tira un 6, ce qui me fit gagner, bien entendu, mais quand j'abattis mon jeu, une houle de stupeur et d'indignation mêlées parcourut la table. Etant dans mon droit le plus strict, celui de perdre, après tout, on me laissa le sabot et j'en profitai cette fois-là, dans ma panique, pour tirer à 7 une Dame qui me laissa triompher, donc, du 6 de Farouk. Ce dernier était au bord de l'apoplexie, des dames en laissèrent tomber leurs diamants, on décida donc de m'adjoindre un croupier-conseil. Je gagnai, certes, ce soir-là, mais je ne me rappelle pas avoir jamais été si gênée de le faire.

La saison se termina sans autre péripétie, Saint-Tropez étant, Dieu merci, dépourvu de casino, et il fallut que ce même Saint-Tropez fût envahi et devînt infréquentable l'été, pour que je me rabatisse sur les plages plus tranquilles de la Normandie. Je louai au-dessus d'Honfleur une grande maison poussiéreuse et déglinguée, et m'apprêtais à passer le mois de juillet dans des bains de mer, quand je découvris deux états de fait hélas concomitants : à savoir que la mer était toujours au diable, mais, en revanche, le Casino de Deauville toujours ouvert. Mes journées ensoleillées furent remplacées par des nuits blanches. Bernard Frank, Jacques Chazot et moi-même ne vîmes plus que l'aube et la nuit, avec parfois un petit peu d'herbe entre les deux. Le chant des oiseaux était couvert par le cliquetis des jetons et le vert des tapis remplaçait celui des prés. Le 7 août, veille du jour où je devais rendre la maison et faire un inventaire qui s'avérait compliqué, nous nous rendîmes pour la dernière fois, pensions-nous, dans le gros et blanc Casino qui était encore le fief d'André. Vite ruinée au chemin de fer, je me rabattis sur la roulette, et grâce au 8 qui sortit immédiatement et longuement, je me retrouvai (à l'aube) à la tête — c'était en 1960 — de 80 000 francs nouveaux. Nous rentrâmes enchantés à la maison pour tomber, devant la porte, sur le propriétaire lui-même, son inventaire sous le bras, qui me fit remarquer sévèrement qu'il était 8 heures du matin, heure fixée pour notre départ. J'allais commencer avec lui ce sinistre inventaire quand il me demanda, à tout hasard, si je ne voulais pas acheter la maison. J'ouvrais la bouche pour lui dire que je n'achetais jamais rien, que j'étais une locataire-née, quand il ajouta : « Etant donné les travaux à faire, je ne la vends pas cher, je la vends 80 000 francs. » Nous étions le 8 août, à présent, j'avais gagné avec le 8, il la vendait 8 millions anciens, il était 8 heures du matin, que vouliez-vous que je fisse contre tout cela ?... Je tirai des billets de mon sac à main du soir, qui en débordait, et les lui mis dans la main, avant d'aller me coucher, triomphante, dans ce qui allait être — et qui est resté jusqu'ici — mon seul bien sur la terre, une maison toujours un peu déglinguée, sise à trois kilomètres d'Honfleur (et douze de Deauville).

Qu'on ne vienne pas me dire à présent du mal du jeu ni de la fatalité qui pèse sur les joueurs. Je ne parlerai pas des innombrables travaux ni des différentes catastrophes que m'apporta la propriété de cette maison de campagne, et que connaissent tous les propriétaires ; je parlerai plutôt des vingt-cinq ans délicieux de fidélité, de pluie et de soleil mêlés, de rhododendrons et de vacances heureuses que j'y passai. Vingt fois hypothéquée, deux fois presque vendue, lieu de travail pour mes amis travailleurs, refuge pour mes amis amoureux, cette maison vaut aujourd'hui 8 milliards de souvenirs.

Et bien entendu, c'est elle qui fut le témoin d'innombrables retours au petit matin, triomphants ou piteux, mais toujours accompagnés de l'excitation et de l'insouciance propres à l'exercice du Jeu. Des milliers d'anecdotes s'entrecroisent dans ma mémoire, rien qu'à me rappeler ces petits déjeuners arrosés de café ou de champagne, ces portes que l'on refermait soigneusement et doucement sur nos déboires ou qu'on ouvrait à la volée, triomphalement, sur un malheureux dormeur en criant : « C'est la fête ! » Il y eut la fois où Un Tel remonta 60 000 francs avec 200 francs ; il y eut la fois où ma mauvaise prononciation fit mettre les 100 francs qui me restaient sur le 30 et non sur le « manque » par un croupier débordé, et où le 30 sortit, et où, etc., etc. Il y eut la fois où Un Tel rattrapa tout ce qu'avait perdu Une Telle, plus le double, et il y eut la fois où Un Tel put acheter la voiture dont rêvait Une Telle, et il y eut la fois où l'on dut se cotiser pour payer l'essence et rentrer à Paris, sans compter les innombrables fois où l'on dut emprunter au portier de quoi payer le taxi du retour. Curieusement, ce sont toujours les souvenirs de triomphe qui sont les plus frappants; on ne se rappelle que du bon temps comme on ne se rappelle d'ailleurs que des joueurs sympathiques. Le nombre d'amis anonymes et complices que l'on peut se faire en vingt-cinq ans de jeu dépasse l'imagination. On rencontre le même visage tous les soirs, toutes les nuits, pendant trois mois, puis, parfois, l'année suivante, puis parfois pendant trois ans. On ne se parle pas, on se dit juste « bonjour », on se sourit avec approbation ou regret suivant la trajectoire de l'autre, on partage sa chance ou sa malchance, on est unis par des liens plus solides que ne les auraient créés les plus intimes de toutes les confidences. Il y a quelques amis ainsi qu'on ne perd pas (comme il y en a dont on apprend la mort par hasard, par un valet de pied, et cela vous cause comme un chagrin absurde, plus profond qu'on ne l'imaginait). Il y a aussi les joueurs qui jouent trop vite, que l'on voit clinquants au début du mois d'août dans des voitures rutilantes, dont on voit la mine un peu plus creusée chaque jour au Bar du Soleil, et dont on apprend la fuite éperdue au bout de quinze jours. « Adieu, veaux, vaches, cochons, couvées... » Adieu l'aube sous la coupole, adieu la mer blanche et la plage vide, adieu le galop des premiers chevaux caracolant dans une lumière que l'on fuit, les yeux piqués par la nicotine.

C'est après une série de ces mauvais coups que je décidai, un beau soir, un soir dostoïevskien, un soir tragique, de me faire interdire cinq ans. Je dirai tout de suite que ce furent cinq ans de cauchemar. Toutes les trompettes de tous les disques n'arrivaient pas à couvrir le petit bruit de jetons au-dessus de nos têtes ; et quand — pour aller danser, nous passions par l'entrée du Casino — j'entendais la voix profonde du croupier qui criait : « Rien ne va plus, la main passe », cette voix retentissait comme celle d'un Moïse, d'un Dieu bienfaisant mais sévère, qui

nous aurait rejetés du sein de ses ouailles. Je dis
« nous » parce que mes amis, fidèles et dévoués,
participaient à mon malheur, à mon éloigne-
ment, et ne s'éclipsaient que discrètement, les
uns après les autres, rejoindre les verts pâtura-
ges des plaisirs interdits. Il devrait être interdit
de s'interdire quoi que ce soit, du moins était-ce
la pensée qui me ravageait, trop tard, hélas !
Détestant Monte-Carlo où j'allais peu jouer, il
ne me restait plus que Londres où je n'avais rien
à faire.

Je n'avais rien à faire à Londres, donc, mais
comme le signala mon agent littéraire de l'époque, il s'y trouvait un sinistre individu dont j'ai
complètement oublié le nom et la fonction
d'ailleurs, et qui faisait, lui, de la trésorerie sur
mon dos. Il me devait la somme de
25 000 francs, je crois, qu'il se refusait à m'en-
voyer. Je décidai de partir en mission de recou-
vrement avec ledit agent, d'une part parce que
mes finances n'étaient pas brillantes, d'autre
part parce que je connaissais mal Londres —
que je connais toujours mal d'ailleurs — et

qu'en revanche je me souvenais aussi d'un charmant ami que je n'avais pas vu depuis longtemps. C'était il y a dix ans, et le prix des billets et de l'hôtel me laisserait néanmoins une somme valable. Nous partîmes, donc, nous logeâmes dans un hôtel genre Agatha Christie, et le soir même j'allai dîner, toujours flanquée de mon agent, avec le charmant homme en question. Nous dînâmes chez Annabel's, qui était alors l'endroit élégant, et au dessert, mon compagnon anglais me signala la présence au premier étage, juste au-dessus de nos têtes, du Clermont Club. J'en avais entendu parler par quelques amis épouvantés et ravis à la fois, comme d'un club typiquement anglais et où on jouait chaud avec toute la froideur britannique. Nous montâmes donc, cet ami me présenta et, me connaissant un peu, m'abandonna pour une heure à la table de chemin de fer. Il redescendit boire à ma santé avec mon agent, d'ores et déjà soucieux, et je jetai un coup d'œil autour de moi. C'était une grande salle lambrissée et confortable avec du cuir, du bois et quelques spécimens inimitables de la société anglaise : des propriétaires de chevaux qui ne parlaient que courses entre deux bancos, deux vieilles dames extravagantes avec des chapeaux à fleurs et des bijoux magistraux, le jeune héritier dégénéré d'un des plus beaux noms d'Angleterre, et en face de moi un ami parisien et mondain qui roula aussi des yeux effarés en me voyant m'asseoir à cette grande table. On jouait en guinées et je n'avais pas la moindre notion de leur valeur. Quelqu'un me marmonna une explication embrouillée, le maître des lieux me fit porter un petit tas de plaques en échange d'un petit papier que je signai allégrement, et le jeu partit.

C'était très agréable, je dois reconnaître. Les Anglais sont les meilleurs joueurs du monde, on le sait, et il semble vraiment que le jeu les égaye. On parlait de chevaux, donc, à ma gauche, on parlait de régates à ma droite, de voyages en face, et mes petits tas de jetons disparaissaient les uns après les autres dans l'indifférence générale, y compris la mienne. A peine un petit tas avait-il disparu qu'un superbe valet de pied m'en déposait un autre sur un plateau d'argent devant moi, je lui signais son petit papier, etc. Je fus réveillée de cette léthargie heureuse par le visage de mon agent surgissant subitement derrière moi au bout d'une heure, et qui s'avéra être vert pâle. Lui aussi marmonna quelque chose d'incompréhensible et où revenaient les mots « fichu », « catastrophe », etc. Je remarquai alors que mon ami parisien en face était lui devenu tout rouge, et que, loin de rouler des yeux comme au début de la partie, il les gardait au contraire solennellement fixés sur moi avec l'expression cocasse, me dis-je in petto, d'une louve blessée. Un peu alarmée néanmoins, je demandai discrètement au véloce valet de pied de m'inscrire sur un petit papier le total de ma dette. Il alla interviewer un homme grand et fort, très sympathique, qui circulait autour de la table depuis le début et qui n'était autre que le patron du Clermont Club. Il se livra à une petite addition, inscrivit un chiffre sur le papier, que le fidèle messager me rapporta avec la même rapidité que précédemment. Je l'ouvris, et j'eus besoin de tous mes principes, de toute ma force d'âme, de toute la bonne éducation qu'avaient tenté de me donner mes parents et de toute la mauvaise que j'avais pu acquérir toute seule, pour ne pas tomber à la renverse : je devais 80 000 livres de l'époque, c'est-à-dire le double en français, et dont je n'avais pas l'ombre du quart à la banque. « C'est à vous », me dit mon aimable voisin avec un fort accent, en poussant le sabot vers moi, et j'avançai d'une main que je voulais ferme la moitié des plaques qui me restaient et qui disparurent aussitôt contre un 9. Je passai donc ledit sabot et essayai de réfléchir. Pour payer cette dette de jeu, il me fallait successivement abandonner mon appartement actuel, confier mon fils à ma mère, trouver un studio à côté et travailler pendant deux ans, à la fois pour le fisc et le Clermont Club, à l'exclusion de tout tiers. Adieu vacances, voiture, sorties, vêtements et insouciance : la situation était catastrophique ! Tellement catastrophique qu'à mon avis perdre ainsi deux ans de sa vie ou en perdre quatre était bien la même chose. Je levai la main d'un air distrait et le véloce valet de pied fut aussitôt à mes côtés avec son maudit petit tas sur son maudit plateau. Je signai derechef un de ses maudits petits billets et demandai le banco suivant d'une voix claironnante. Je le gagnai. Je ne cessai ensuite de faire tous les bancos qui arrivaient jusqu'à moi. Je « flambais », comme on dit, je flambais et, oh ! miracle, ça rentrait. Je voyais mon petit tas devenir un gros tas à une vitesse à la fois insupportable de lenteur et prodigieuse de rapidité. De temps en temps je demandai au valet de pied de me débarrasser de toutes ces choses encombrantes, moyennant quoi il me rendait un de mes petits billets déchirés. Après une heure passée à ce train d'enfer, je demandai discrètement où en étaient mes comptes au messager en bas de soie. Il alla voir le propriétaire qui — me sembla-t-il du coin de l'œil — fit un calcul beaucoup plus rapide, lequel me revint dans un petit billet que je dépliai sans hâte apparente. Je ne devais plus que 50 livres. J'ajoute que, pendant tout ce temps, j'avais dû parler du Derby d'Epsom avec mon voisin de gauche et des charmes de la Floride avec ma voisine de droite.

Je me levai d'un air las tout à coup, fis un salut aimable à l'assistance qui me le rendit et m'en fus payer mes 50 livres à la caisse. Le propriétaire me raccompagna jusqu'à l'escalier qui descendait chez Annabel's, cet escalier que j'avais monté deux heures plus tôt toute gaie et que j'avais failli redescendre toute penaude une heure plus tard. « Je suis content de vous avoir eue à ma table, dit cet homme fort aimable, d'autant plus que les Français généralement manquent de sang-froid au jeu. — Oh, dis-je d'une voix qui m'apparut fluette à moi-même, oh, dis-je, quelle idée ! Le jeu est fait pour s'amuser, non ? » Et je descendis les marches en vacillant légèrement dans mes souliers pointus. Mon ami anglais fut fort égayé de mon récit, mais mon agent était ivre mort et nous eûmes le plus grand mal à le rentrer à l'hôtel. Quand je sortis à Paris une semaine plus tard, dans un dîner « fashionable », je vis que le récit de mes aventures londoniennes avait déjà été fait par leur témoin parisien, car l'on me témoigna la considération et l'espèce de crainte superstitieuse réservée au rescapé d'une catastrophe aérienne.

Cette anecdote n'a donc d'autre intérêt ni d'autre souci que de démontrer un peu plus le danger de toute interdiction — même venue de soi. C'est pour cela qu'une semaine avant que ma période d'interdiction soit arrivée à son terme, j'écrivis à la Préfecture de Police pour signaler à un préposé, sans nul doute totalement indifférent, que j'entendais recommencer à faire mes sottises comme par le devant. Deauville finalement s'avérait moins dangereux que Londres et le franc moins traître que la guinée. (Il n'empêche, je revenais de loin.) C'est pourquoi, je crois, l'on rencontre à la sortie d'un casino tant de joueurs hilares qui n'ont rien gagné. « Je perds 200 francs ! » disent-ils enchantés, à la grande surprise des non-joueurs. Cela veut dire simplement qu'à un moment donné ils en avaient perdu beaucoup plus. C'est ce qui explique aussi pourquoi on parle toujours du masochisme des joueurs. Les joueurs n'aiment pas perdre, les vrais joueurs, j'entends. Simplement, parfois, ils se félicitent de perdre moins en fin de jeu qu'ils ne perdaient pendant. Ils s'en félicitent, ils sont fiers d'eux, et avec raison, car il ne faut pas s'y tromper : le jeu ne demande pas seulement de la folie, de l'inconscience — et la présence dans votre esprit d'un vice atroce et rédhibitoire — il demande aussi du sang-froid, de la volonté et de la vertu, au sens latin du mot *virtus* : courage. Quand on s'est vu perdre tout un après-midi, toute une semaine sans discontinuer, quand on se croit abandonné par les dieux, par la chance et par soi-même et que brusquement le jeu se remet à tourner dans votre direction, il faut faire un effort énorme sur soi-même pour se remettre à y croire, pour rattraper la fortune aux cheveux, s'y cramponner et en profiter. Il m'est arrivé très récemment de perdre ainsi pendant dix jours, à petit feu, dans un casino de la Manche, où me ramenaient tous les jours l'espoir de me refaire et la totale impossibilité de régler mes dettes tout de suite. Le douzième jour, la chance revint d'un coup, sur deux tables. Je me jetai à l'eau et je jouai sans discontinuer les numéros en plein, les couleurs, les manques et les sixtains. Il me fallut une heure, une fois de plus, pour me refaire (et, au demeurant, mes numéros ne sortirent qu'une heure). Je sortis du casino

escortée par les regards mi-horrifiés mi-admira-
tifs des croupiers, ne perdant plus que 300
francs et au comble de la joie et de l'orgueil. Je
l'avoue ici : j'ai rarement eu, fût-ce en assistant
à la première quelquefois triomphante de mes
pièces, ou fût-ce en lisant certaines critiques
quelquefois dithyrambiques de mes livres, je
n'ai jamais eu ce sentiment d'orgueil à ce point
comblé. Le retour ce soir-là sur la route qui suit
la mer de Deauville à Honfleur, dans une vieille
voiture décapotée malgré le froid, et accompagnée d'amis exultants, fut l'un des moments les
plus délicieux de mon existence. J'avais passé
une semaine au purgatoire, ça avait failli mal
finir, je m'en étais tirée, et la mer était grise à
gauche, et l'herbe vert sombre à droite, et la
terre entière m'appartenait. Après dix jours
d'efforts, de tension nerveuse, je n'en étais
arrivée à perdre que 300 francs ! Quel bonheur !
Cette conclusion peut paraître ridicule, je le
sais, mais, encore une fois, ce récit sur le jeu
était réservé aux yeux des seuls joueurs.

Tennessee Williams

En 1953, j'écrivis *Bonjour tristesse,* qui parut en France en 1954 et fit scandale. Scandale auquel je ne compris d'abord rien et auquel aujourd'hui je ne peux donner que deux raisons absurdes. On ne tolérait pas qu'une jeune fille de dix-sept ou dix-huit ans fît l'amour, sans être amoureuse, avec un garçon de son âge et n'en fût pas punie. L'inacceptable étant qu'elle n'en tombât pas éperdument amoureuse et n'en fût pas enceinte à la fin de l'été. Bref, qu'une jeune fille de cette époque-là pût disposer de son corps, y prendre du plaisir, sans que cela méritât ou obligeât à une sanction, jusqu'ici considérée comme inexorable. L'inacceptable était ensuite que cette jeune fille fût au courant des amours de son père, lui en parlât et acquît de ce chef avec lui une complicité sur des sujets inabordables jusque-là entre parents et enfants. Le reste, ma foi, n'avait rien de bien répréhensible, tout au moins si je considère notre époque actuelle, trente ans plus tard, où, par un retournement dérisoire et presque cruel, il est devenu indécent ou ridicule de ne pas faire l'amour quand on en a l'âge et où les parents et les enfants sont séparés à jamais par une complicité que tous deux sentent et éprouvent comme définitivement fausse mais miment malgré eux. (Les parents reprochant aux enfants d'être jeunes, les enfants reprochant aux parents de ne plus l'être et de vouloir faire comme s'ils l'étaient encore.)

Bien sûr, l'on ne peut pas dire que ce fut une époque bénie, celle où seuls les parents avaient le droit de juger les actes des enfants, pour commencer, en tant qu'enfants-sujets ; et où les enfants eux-mêmes n'avaient aucun droit ni aucune idée, ni aucune lueur, sur la vie privée de leurs parents. Mais néanmoins, entre quarante et vingt ans, il y avait une réelle génération : génération que l'on s'est obstiné et acharné à détruire et dont l'absence est de ce fait devenue monstrueuse, obscène quoi qu'on en dise, aux yeux des deux parties. Bref, je crois à présent que *Bonjour tristesse,* à notre époque, apparaîtrait comme un rêve bleu, le rêve délicieux de ce que pourraient être les relations de famille et les relations sexuelles des jeunes gens et de leurs aînés. En tout cas ce ne serait pas un scandale. Cela en fut un en France néanmoins, et cela en fut un aussi en Amérique, presque aussi tapageur.

J'avais dix-neuf ans, je faisais ce qu'on me disait, et l'on me dit d'aller en Amérique, pour montrer ce charmant petit monstre dont avait parlé François Mauriac et qui depuis était devenu une sorte de mythe bizarre, admiré ou méprisé, rejeté ou au contraire assimilé ; bref, on m'embarqua dans un de ces gros avions balancés dans la nuit qu'étaient les Constellations de l'époque, et qui mettaient douze heures je crois à franchir l'Atlantique. On m'avait convaincue d'aller en Amérique démontrer que l'auteur de *Bonjour tristesse* n'était pas une vieille dame à cheveux gris, ni un héroïque et sournois collaborateur des Editions Julliard. J'y fus. J'obéissais encore volontiers à ce qu'on me disait être indispensable ; je croyais encore en cet « indispensable » et d'ailleurs je n'avais pas tort : la publicité est indispensable à la vente d'un livre. Seulement il y a plusieurs « indispensables » dans la vie et cela je l'ignorais encore.

Je fis aux U.S.A. une arrivée style *La Dolce Vita*, des douzaines de photographes m'attendant à l'aéroport Kennedy — à l'époque Idlewild. C'était l'aube ; j'avais vingt ans à peine, il y avait foule, d'ailleurs il y eut foule partout autour de moi pendant un mois. Mes journées étaient minutées comme celles d'un aimable forçat et mon anglais étant limité à mes notes de baccalauréat, c'est-à-dire 7-8, ma conversation en demeurait disons amène et neutre. On mit quinze jours à s'apercevoir que je dédicaçais mes livres « with all my sympathies », ce qui signifie en anglais « avec toutes mes condoléances » et non pas « toute la sympathie » que j'accordais généralement aux Français.

On me posait cinquante fois les mêmes questions sur l'amour, la jeune fille, la sexualité, sujets nouveaux à l'époque mais déjà assommants. J'eus aussi droit à des cocktails, des déjeuners, des dîners, des bals même. Et, un beau jour où je n'en pouvais plus, j'eus droit tout à coup à un télégramme de Tennessee Williams l'écrivain, le poète, le dramaturge, celui dont j'avais eu l'occasion de répéter cent fois au cours de ces incessantes interviews qu'il était pour moi un des principaux auteurs américains. Un télégramme qui m'invitait à le rejoindre chez lui, à Key West, Floride.

Aussitôt, abandonnant un déjeuner au Consulat, des télévisions sur la chaîne 83, un rendez-vous avec le rédacteur en chef de *Fishing Review* ou Dieu sait quoi, je m'échappai de mon hôtel et filai à l'aéroport d'où je gagnai Miami. Miami où nous louâmes une voiture, ma sœur, un ami et moi. Et, songeant à *Key Largo* et autres films policiers, traversant cette Floride, ses swamps, ses marais, grâce à ces ponts jetés d'une île à l'autre, nous arrivâmes dans cette petite ville de Key West, ville de garnison, dans un hôtel nommé Key Wester qui n'était pas flambant, un peu grisâtre, où nous attendaient trois chambres. Nous nous y installâmes un peu confusément sans très bien savoir ce que nous y faisions, mais déjà pliant sous le soleil terrifiant des tropiques.

A 6 heures et demie on nous annonça Tennessee Williams. Arriva donc un homme bref, avec des cheveux blonds, des yeux bleus et un regard amusé, qui était depuis la mort de Whitman et reste à mes yeux le plus grand poète de l'Amérique. Il était suivi d'un homme brun, l'air gai, peut-être l'homme le plus charmant de l'Amérique et de l'Europe réunies, nommé Franco, inconnu et qui le resta. Derrière eux, une femme grande et maigre dans un short, des yeux bleus comme des flaques, un air égaré, une main fixée sur des planchettes de bois, cette femme qui était pour moi le meilleur écrivain, le plus sensible en tout cas de l'Amérique d'alors :

Carson McCullers. Deux génies, deux solitaires que Franco tenait par le bras, à qui il permettait de rire ensemble, de supporter ensemble cette vie de rejetés, de parias, d'emblèmes et de rebuts qu'était alors la vie de tout artiste, de tout marginal américain.

Tennessee Williams préférait dans son lit la compagnie des hommes à celle des femmes. Le mari de Carson s'était suicidé peu avant, la laissant hémiplégique. Franco aimait les hommes et les femmes mais il préférait Tennessee. Et il aimait aussi, mais tendrement, Carson, malade, fatiguée, épuisée. Toute la poésie du monde, tous les soleils se révélaient incapables de réveiller ses yeux bleus, ses paupières lourdes et son corps efflanqué. Elle avait simplement gardé son rire, ce rire d'enfant à jamais perdue. Je vis ces deux hommes que l'on nommait alors avec une sorte de pudeur méprisante « pédérastes » qu'on nomme maintenant « gay people » (comme s'ils pouvaient être gais d'une manière ou d'une autre, d'être méprisés pour ce que l'on aime par le premier crétin venu). Je vis ces deux hommes, donc, s'occuper de cette femme, la coucher, la lever, l'habiller, la distraire, la réchauffer, l'aimer, bref, lui donner tout ce que l'amitié, la compréhension, l'attention peuvent donner à quelqu'un qui est trop sensible, qui en a trop vu et qui en a trop extrait, qui en a trop écrit peut-être même pour le supporter, le subir encore un peu plus.

Carson devait mourir dix ans plus tard et Franco peu après. Quant à Tennessee, qui était alors l'auteur le plus haï peut-être par les puritains, mais le plus applaudi par le public et la critique, l'auteur d'*Un Tramway nommé Désir, La Chatte sur un toit brûlant, La Nuit de l'Iguane*, etc., quant à Tennessee, il est mort il y a six mois d'une manière misérable dans un immeuble de Greenwich qu'il laissait ouvert à tous vents. Je n'ai jamais su personnellement, ni de quoi ni pourquoi, cet homme qui aimait rire et qui riait si fort et parfois si tendrement était mort ; sinon peut-être de la mort de Carson, puis de celle de Franco puis de celle d'autres, tant d'autres que j'ignorais. Mais cet homme était bon. Il avait en lui comme Sartre, comme Giacometti, comme quelques autres hommes que j'ai connus trop peu, il avait en lui une parfaite incapacité à nuire, à frapper, à être dur. Il était bon et viril. Et qu'importait qu'il fût bon et viril de préférence avec de jeunes garçons la nuit, du moment qu'il l'était avec toute l'espèce humaine le jour.

Nous passâmes ainsi quinze jours brûlants et tumultueux dans ce Key West désert à cette saison-là. Il y a vingt-cinq ans. Plus de vingt-cinq ans. Le matin, nous nous retrouvions sur la plage ; Carson et Tennessee buvaient des grands verres d'eau, ou que je pris pour tels, longtemps avant d'en avaler une grande gorgée qui me fit constater que c'était du gin pur. Nous nagions, nous louions des petits bateaux, nous tentions en vain d'accrocher des gros poissons, les hommes buvaient des verres, les femmes aussi, un peu moins. Nous mangions des pique-niques infâmes. Nous rentrions fatigués, ou gais ou tristes, mais gais ou tristes ensemble de ces classiques randonnées.

Je revois Carson dans ses incroyables bermu-
das trop longs, ses longs bras, sa petite tête
inclinée avec ses cheveux courts et ses yeux si
pâles, d'un bleu si pâle qu'ils la rejetaient illico
dans l'enfance. Je revois le profil de Tennessee
lisant les journaux et riant parfois, disait-il, de
ne pas pleurer (je m'intéressais peu alors à la
politique). Je voyais Franco escalader la plage,
descendre, aller chercher des verres, courir de
l'un à l'autre en riant, italien, bien découplé,
pas beau mais charmant, gai, drôle, bon, imagi-
natif.

En dehors de cette visite de Carson et de la
mienne, ils recevaient peu je crois dans leur
petite maison de Duncan Street. Une maison
avec deux ou trois chambres, dont l'une trans-
formée en bureau par Tennessee où il tapait des
heures entières, comme inconscient de la chaleur effrayante qui régnait dans le patio. Et puis
il y avait un jardin qu'arrosait une grosse

femme noire comme celles des films, et puis il y avait nous, trois Français admiratifs, peut-être encombrants, mais en tout cas si heureux d'être là que parfois ils se prenaient à rire tous les trois en nous regardant.

Je parlais peu à l'un ou à l'autre à ce moment-là. Nous ne nous disions rien de très profond. Nous ne nous racontions rien de nos vies privées, nous étions peu prodigues de sentiments ; mais ces minutes-là, je savais déjà que je les regretterais un jour.

Deux ou trois ans plus tard, je retrouvai Tennessee, un jour d'élection présidentielle, donc de sobriété forcée. Nous nous retrouvâmes au bar de l'hôtel Pierre, où il demanda d'un air tranquille deux verres, avec de la glace, une bouteille de limonade, avant de sortir de sa poche arrière une flasque d'un scotch vigoureux, qu'il me distribua avec sa générosité habituelle. Sa dernière pièce marchait admirablement, mais il n'en parlait pas. Il était triste, parce que Carson était triste, parce que Carson avait dû repartir un temps à l'hôpital pour « gens nerveux » comme il disait —. comme il disait avec fermeté. Parce que Carson était revenue de cette clinique, soi-disant en forme, mais qu'actuellement elle était dans la grande maison de son enfance, près de sa mère qui mourait d'un cancer. Elle était contente de me savoir à New York et Tennessee avait promis qu'on irait la voir le lendemain en voiture.

Nous partîmes donc, Franco, Tennessee et moi, tous les trois, un jour d'automne doré et étincelant, un de ces jours d'été indien new-yorkais. Et dans sa vieille petite MG trépidante, une petite décapotable que Tennessee possédait alors, nous traversâmes une partie du Connecticut ou du New Jersey, je ne sais pas, en tout cas, un endroit sublime de beauté et d'arbres rouges et où seule nous frappa au visage, au milieu de toute cette beauté, la façade d'un club où il était inscrit en grosses lettres : « *No jews, no dogs.* » Nous étions à vingt kilomètres de New York cela me paraissait fou. Après un silence, Franco se mit à chanter des chansons italiennes à tue-tête, et c'est en chantant que nous arrivâmes devant la maison de Carson McCullers, l'auteur de tous ces chefs-d'œuvre que la France a découverts peu à peu, *Le cœur est un chasseur solitaire*, *Reflets dans un œil d'or*, etc. Une vieille maison avec des colonnades, trois marches, des portes ouvertes à cause de la chaleur et, sur un canapé, une très vieille femme blanche, ravagée par la souffrance ou je ne sais quoi d'autre qui la rendait différente et presque dédaigneuse à notre égard. Et puis il y avait Carson, Carson habillée n'importe comment dans une robe de chambre marron, Carson qui avait maigri encore, et blanchi encore, et qui avait toujours ses yeux, ses yeux incroyables, et son rire d'enfant.

On commença à ouvrir des bouteilles, et la mère de Carson fit semblant de se faire prier avant d'en goûter à son tour. Nous bûmes beaucoup. Le retour dans cette voiture, et le temps était devenu vraiment froid, le retour fut mélancolique alors que nous repartions vers cette galaxie, cette ville énorme dont chaque habitant connaissait par cœur leur nom à tous les deux mais ignorait tout de leur être. Malheureusement, il advint que ce ne fut pas un mois mais une semaine plus tard que Carson dut repartir, là où on s'occupait des gens nerveux. Ni Tennessee ni même Franco n'arrivaient plus à sourire...

*

Et pourtant c'est dans la plus grande gaieté que je tombais sur eux deux à Rome, un an plus tard, dans une de ces cocktail-parties dont les Américains aiment abreuver les Italiens. Faulkner était là. Il partit très vite pour flirter avec une très jeune belle fille blonde, l'air à la fois d'y tenir farouchement et de s'en désintéresser pour toujours, et nous nous échappâmes pour aller retrouver Anna Magnani qui dînait avec nous. « La Magnani » était furieuse après les hommes, après la race masculine. Un de ses amants lui avait fait je ne sais quel mauvais coup la veille et elle ne décolérait pas. Elle ne décoléra pas de la soirée. Toutes les plaisanteries, tous les fous rires de Franco, et peu à peu les miens et ceux de Tennessee ne purent la calmer. Elle ne riait même pas quand une des putains, amie de Franco, nous hélait, ou plutôt le hélait d'une voix gaie et implorante : « E quando, Franco, quando, quando ?... — Bientôt, disait-il en débrayant vigoureusement pour échapper à un certain nombre de cyclistes et à un autobus. Bientôt mon chéri, bientôt, je suis là. » Il levait la main et souriait à la fille, la fille lui rendait son sourire, et Tennessee, assis à l'arrière, souriait aussi derrière sa moustache, comme s'il regardait son grand garnement de fils faire des sottises avec une jeune fille. Il y avait de la tendresse entre eux, aussi, énormément de tendresse.

Et puis un soir, beaucoup plus tard, et toujours à New York où j'étais revenue, je rencontrai l'ombre de Tennessee, dans une party, genre intellectuelle où le hasard m'avait, une fois de plus, imprudemment conduite. Je vis un homme qui était l'ombre de lui-même : Tennessee devenu gris, maigre, transparent, qui n'avait plus les yeux bleus, ni la moustache blonde, ni le rire retentissant, et qui m'embrassa avec une sorte de désespoir, voire de rancune. Je ne compris rien d'abord, jusqu'à ce que, enfin, quelqu'un eût la charité de me dire : il ne fallait pas lui parler de Franco parce que « justement, quelle stupide histoire ! » il s'était disputé avec Franco et il était parti, six mois, en Inde ou ailleurs, passer six mois, sans lui, pour se raffermir dans ses sentiments, ou pour faire le malin, ou parce qu'ils avaient peut-être trop fait les malins l'un et l'autre. Et quand il était rentré des pays extravagants où le hasard l'avait conduit et où les postes marchaient mal. ç'avait été pour apprendre que Franco était mourant, depuis trois mois, se croyant brouillé avec lui, le demandant et attendant qu'il revienne. Alors tout s'était cassé, depuis, chez Tennessee. Il ne riait plus et il me tenait la main, dans un coin de ce bar, mais c'était une main inerte, amicale par habitude ou par le vague souvenir de ma paume à moi. Je partis, pensant ne jamais le revoir car il était flanqué de deux ostrogoths, bardés de lunettes, de certificats et de barbes, qui le suivaient, pas à pas, écoutaient tout ce qu'il disait, lui servaient à boire et à manger, et surtout des pilules. Ils faisaient plus penser à des gangsters de la mafia qu'à d'honorables spécialistes du désespoir.

*

Et puis, il y a douze ans de cela, peut-être plus, peut-être moins, André Barsacq qui dirigeait l'Atelier, et qui avait un « trou » comme on dit, pour la rentrée, me demanda de lui adapter une pièce, de n'importe qui, au dernier moment. C'était un homme qui avait toujours eu des naufrages, des succès, des échecs, et des remontées retentissantes. Je l'aimais bien, et je lui parlai illico de Tennessee Williams, le seul écrivain qui me permît de réveiller, de secouer un peu mon anglais trébuchant, encore, malgré les années sans école et sans professeur de la langue d'Albion. Nous consultâmes ses fiches, ses papiers, les différentes dates de représentation et nous en arrivâmes à *Sweet Bird of Youth* — le doux oiseau de la jeunesse — qui avait déjà été joué à New York, y avait connu un succès certain, et dont un film avait été tourné aussi, avec Paul Newman et Geraldine Page. Il n'y avait, bien sûr, pas de traduction de cette pièce, ou tout au moins celle qu'il y avait ne plaisait pas à Tennessee. Il fallait que ce soit moi qui m'y attaque. Je commençai en mai-juin, avec quelqu'un qui parlait couramment l'anglais pour m'assister, et je travaillai comme je n'ai plus jamais travaillé de ma vie, c'est-à-dire sans arrêt, m'échinant, m'acharnant après chaque mot, m'exaspérant, couverte de honte ou de plaisir, passant les étapes qui me permettaient d'entrer un peu dans la poésie de Tennessee, d'un texte dur et beau, très dur et très beau : les coups de tendresse, les morsures ; par moments les chiens déchaînés par la voix d'un seul homme, par une seule phrase. Et par moments une férocité de mante religieuse exprimée par les mots doux de la femme ; les meurtres ; et la ville ; les souvenirs de la jeunesse et de l'enfance qui reviennent. Et l'autre, là-bas, si loin de son enfance à elle, sur ses tréteaux. Et lui, le gigolo à trois francs, qui promène, en même temps que le shaker et les valises Vuitton, de drôles d'ampoules, des masques à oxygène, des crèmes, des pâtes pour le visage, et qui de temps en temps, s'il est de bonne humeur, glisse dans ce lit, où elle l'attend, comme pour lui prendre sa jeunesse et se l'approprier, ne fût-ce qu'une seule nuit. Et eux deux après de se dire les choses les plus absurdes, les plus blessantes, les plus nobles parfois qu'on puisse entendre.

Et tout cet été qui fut chaud, je me surpris à travailler. Je revenais vingt fois, trente fois sur une phrase, ce que je n'ai jamais fait, souvent à tort d'ailleurs, pour aucune de mes propres pièces. Je livrai le texte à temps, on répéta avec Edwige Feuillère qui avait un jeu fascinant, dans des décors de Jacques Dupont qui étaient superbes. Naturellement, nous avions prévenu Tennessee dès le départ de cette aventure, mais je fus abasourdie quand nous reçûmes, trois jours avant la première, un télégramme : « Je viens. » Je courus à son hôtel, qui était luxueux, ce qui m'étonna car je savais qu'il avait des difficultés financières et que l'Amérique, pour une de ces raisons bizarres et pour moi, Française, insensées, l'avait rejeté. Il semblait qu'on le considérait maintenant comme quelqu'un qui avait su raconter des histoires dans le temps, et qui avait eu la chance d'avoir de bons interprètes pour jouer des textes fumeux. Point final. Bref, il était à moitié dans la misère. Ce n'était pas un homme à faire des économies, et, pensant à cette ombre furtive et muette entrevue en ce dernier gratte-ciel à New York, j'étais inquiète à l'idée de revoir mon ami Tennessee, touchée aux larmes qu'il se fût dérangé, qu'il fût venu de si loin, mais m'attendant à tout, vraiment, à tout ce que peuvent réserver certaines occasions à quelqu'un de déjà blessé : que la pièce soit un four, que les gens sifflent, que l'acteur joue mal, que ma traduction lui paraisse infecte, que ce soit un des derniers coups sur cette tête tendre et fragile. Or, je tombai sur un Tennessee exactement semblable à celui que j'avais connu à Key West, quinze ans avant. Un Tennessee qui avait repris sa moustache, ses yeux bleus, son gros rire, et que suivait partout, comme une nurse ultra-chic, une certaine comtesse, de la très bonne société britannique, qui s'était éprise de Tennessee et de son talent, de son charme personnel, comme j'imagine Mme von Meck pour Tchaïkovski, mais qui, à la différence de celle-ci, ne quittait pas son auteur d'un pas ; Tennessee riait beaucoup de cette position d'amie très chère, « très chère, mais pas trop chère, tu vois », disait-il, et lui qui avait toujours distribué ses millions avec gaieté, semblait surpris parfois que sa situation renversée ne fît rire, sincèrement, que lui et moi, à la table. Pendant le premier acte nous étions cachés dans une loge, Tennessee avec les yeux écarquillés, à côté de moi, et, au début, il écouta, puis se mit à rire si fort, mais si fort aux répliques supposées drôles d'ailleurs, que les gens se retournaient et cherchaient à voir ; et plus je me repliais dans mon siège, et plus il riait comme un fou, si bien que je me penchai vers lui et dis : « Mais enfin, ce n'est pas si drôle ! — Oh mais si ! dit-il, tu ne te rends pas du tout compte comme c'est drôle ! J'étais vraiment très très drôle, à l'époque ! » Et il riait comme un perdu. On lui demanda même de faire moins de bruit, mais, voyant que c'était l'auteur et son traducteur qui déclenchaient ce remue-ménage, ne comprenant plus rien au lois du théâtre qui voit généralement ces deux personnages hantant d'un pas lugubre les passerelles du théâtre, comme celles d'un paquebot qui va couler, les ouvreuses se retirèrent et nous nous retrouvâmes à l'entracte où le Tout-Paris était là, bien entendu, le Tout-Paris auquel Tennessee jeta un œil distrait, pour filer ensuite et se précipiter dans la rue des Abbesses, rue mal fréquentée comme l'on sait : c'est-à-dire qu'elle appartient aux garçons, aux hommes, durs ou doux, de ces quartiers de Clichy où une femme n'a pas intérêt à se promener la nuit et encore moins à passer le nez dans ses antres. Avec trois hommes courageux nous partîmes quand même en guerre, il fallait bien retrouver Tennessee pour le présenter au public et nous finîmes par le trouver au fond de la plus sinistre des tavernes, toujours gai comme un pinson, mangeant Dieu sait quoi à l'ail, ou je ne sais quel parfum plébéien, et j'imaginai un instant le petit repas anglais raffiné, préparé aux bougies, dans la suite luxueuse du palace de la comtesse. Bref, je passe.

Le public applaudit vigoureusement, on introduisit Tennessee, qui ne le voulait pas, sur la scène, il applaudit beaucoup lui-même, ce qui fit rire tout le monde, redoubler les applaudissements. Nous partîmes enchantés, les uns dans la Rolls de la comtesse, les autres dans leur propre voiture jusqu'à cette fameuse suite de ce fameux palace dont j'ai oublié le nom, et où Tennessee m'embrassa comme du bon pain dans un coin, en me disant que j'étais « the dearest girl », et que ma traduction était épatante — bien que son français ne se fût pas arrangé, il avait beaucoup aimé plein de choses — et qu'il était content que moi aussi j'aie compris ces choses. Tout cela tourné très vite et sur le ton brouillé qu'adoptent volontiers les auteurs se parlant de leurs œuvres respectives. « Bref, tu ne t'es pas trop senti trahi ? » demandai-je, seule question qui m'obsédât depuis le début de cette affaire. « No darling, je me suis senti aimé. Mieux que tout, tu vois : aimé. » Et il m'embrassa, une fois de plus, avant de se précipiter derrière un verre d'alcool qui passait devant ses yeux mais derrière ceux de la comtesse anglaise.

*

79

C'est la dernière fois que je le vis. J'ai appris par la suite ses frasques au Festival de Cannes, son refus absolu de se produire plus longtemps comme président dans cette Cour des Miracles capitaliste. Je ris beaucoup mais pas suffisamment, puisque je lui succédai à mon grand dam, quelques années plus tard, et j'éprouvai à peu près les mêmes sentiments que lui, semble-t-il. (Cela n'est d'ailleurs qu'anecdotique.) Mais que ce soit l'homme blond aux yeux bleus et à la moustache blonde, hâlé, qui hissait Carson McCullers dans ses bras jusqu'à sa chambre, qui l'installait comme un enfant sur son double oreiller, qui s'asseyait au pied de son lit et lui tenait la main jusqu'à ce qu'elle s'endorme, à cause de ses cauchemars ; ou le Tennessee gris et débraillé, le Tennessee vidé de lui-même par l'absence définitive de Franco ; ou ce Tennessee si gentiment venu de si loin et à qui notre représentation avait peut-être fait l'effet d'une pantalonnade de paroisse, mais qui en tout cas avait pris le soin, le courage de me dire le contraire, je regrette toujours le même regard, la même force, la même tendresse, la même vulnérabilité. « J'ai senti que tu m'aimais, darling, je sais que tu as aimé ma pièce, darling. » Et moi, j'ignore comme tu es mort, mon pauvre poète. J'ignore quels déboires on t'a infligés à New York, avant ou après; ou depuis, et si tu en vins à souhaiter cette mort bizarre, au petit matin, dans ta maison ouverte, et si tu la provoquas, ou si tu pensais tranquillement partir passer quelques jours dans cette maison de Floride, peut-être hypothéquée, avec ta mer, ta plage, ta nuit noire, tes amis, ton papier — le drame de ce papier blanc —, ta chambre — cette chambre où tu t'installais l'après-midi, avec ou sans bouteille, et dont tu sortais après, mince, jeune, délivré, triomphant, poète quoi. Je te regrette, poète. Et je crains que ce regret ne dure encore bien longtemps.

La vitesse

Elle aplatit les platanes au long des routes, elle allonge et distord les lettres lumineuses des postes à essence, la nuit, elle bâillonne les cris des pneus devenus muets d'attention tout à coup, elle décoiffe aussi les chagrins : on a beau être fou d'amour, en vain, on l'est moins à deux cents à l'heure. Le sang ne se coagule plus au niveau du cœur, le sang gicle jusqu'à l'extrémité de vos mains, de vos pieds, de vos paupières alors devenues les sentinelles fatales et inexorables de votre propre vie. C'est fou comme le corps, les nerfs, les sens vous tirent vers l'existence. Qui n'a pas cru sa vie inutile sans celle de « l'autre » et qui, en même temps, n'a pas amarré son pied à un accélérateur à la fois trop sensible et trop poussif, qui n'a pas senti son corps tout entier se mettre en garde, la main droite allant flatter le changement de vitesse, la main gauche refermée sur le volant et les jambes allongées, faussement décontractées mais prêtes à la brutalité, vers le débrayage et les freins, qui n'a pas ressenti, tout en se livrant à ces tentatives toutes de survie, le silence prestigieux et fascinant d'une mort prochaine, ce mélange de refus et de provocation, n'a jamais aimé la vitesse, n'a jamais aimé la vie — ou alors, peut-être, n'a jamais aimé personne.

D'abord, il y a dehors cet animal de fer apparemment assoupi, tranquille, que l'on réveille d'un tour de clé enchanteur. Cet animal qui tousse, à qui on laisse reprendre comme à un ami réveillé trop vite son souffle, sa voix, sa conscience d'un nouveau jour. Cet animal que l'on lance doucement à l'assaut de la ville et de ses rues, de la campagne et de ses routes, cet engin peu à peu réchauffé, bien dans sa peau, lentement excité de ce qu'il peut voir en même temps que nous : des quais ou des champs, en tout cas des surfaces lisses, coulantes, glissantes où il va pouvoir se dépasser. Frôlement de voitures à droite, à gauche, ou piétinement derrière l'infirme autoritaire juste devant ; et le même réflexe : pied gauche enfoncé, poignet qui remonte, grâce à un léger sursaut, la voiture qui jaillit et double, et qui, revenue à son allure, ronronne, paisible. Cette boîte de fer se coulant dans les artères de la ville, glissant sur ses berges, débouchant sur ses places comme dans un immense réseau veineux qu'elle ne veut pas encombrer ; ou cette boîte de fer roulant dans la campagne au matin, entre des brouillards longitudinaux, des champs roses et des barrières d'ombres, avec la menace d'une côte parfois ; et la voiture qui cliquette ; et à nouveau le pied gauche enfoncé et la main droite relevée et le bond joyeux de la monture, grommelante de ce léger défi mais que la première plaine calme, ramène à son ronronnement. Tout orchestrer soi-même : ces bruits subtilement harmonieux à l'oreille et au corps, cette absence de secousses, ce dédain permanent des freins. Etre un œil d'abord, l'œil, l'œil du conducteur de la bête de fer, cette bête exquise, énervée, commode, mortelle, qu'importe, être l'œil attentif, confiant, méfiant, appliqué, désinvolte ; l'œil immobile et rapide cherchant l'autre, dans un dernier effort, non pour retrouver cet autrui à jamais perdu mais pour au contraire l'éviter.

La nuit, elle déboule après un virage sur des champs de mines, ou plutôt des champs minés d'imprévus, de fausses lumières, d'arcs-en-ciel aveuglants et jaunes : ces larges et fausses issues au bout des fossés que soulèvent nos phares comme tous ces pièges, ces dérobades du sol au bout de nos lampes à iode ; et tous ces êtres humains inconnus et complices que l'on croise et que l'on gifle, comme ils nous giflent de toute la violence de l'air étranglé entre nous. Et tous ces conducteurs anonymes, tous ces ennemis qui nous éclaboussent, nous abrutissent, nous abandonnent dans une impasse goudronnée sous la furtive et trompeuse lumière de la lune. Et parfois, cette terrible attirance à droite, vers des arbres, ou à gauche, vers des calandres, tout et n'importe quoi pour échapper à leurs furieuses lumières.

Et puis ces haltes de béton, de soda et de monnaie où se réfugient, rescapés de leurs propres réflexes, les aventuriers de l'autoroute. Et le repos, là, le silence, là, le café noir, là, ce café qu'on pense avoir failli être le dernier tant ces camions étaient fous, à Auxerre, tant on n'y voyait plus rien soi-même, à Auxerre, sous les giboulées et sur le verglas. Tous ces héros innombrables et modestes de l'autoroute, si habitués à frôler la mort qu'ils ne pensent pas à se la raconter mais qui vont, pourtant, qui roulent, les yeux cillant sous les lumières et l'imagination sous les hypothèses, « Va-t-il doubler maintenant ? Ai-je encore le temps de passer ? » Les mains glacées, le cœur parfois arrêté !... Tous ces héros prudents, pressés, silencieux que l'on rencontre toutes les nuits sur les autoroutes et dans leurs cafétérias, fatigués, tenaces, avant tout soucieux de ce qu'il y ait encore cent kilomètres entre Lyon et Valence ou entre Paris et Rouen, mais qu'il n'y ait plus, après Mantes ou Châlon, que tant de parkings et tant de pompes. Alors on se réfugie dans ces escales, on se retire du grand jeu, pour cinq minutes, et intact, sauvé, à l'ombre d'un panneau d'essence, on voit filer comme des kamikazes ses suiveurs ou ses doublés de l'heure précédente... Alors là, on respire, on fait semblant de s'installer dans ces abris temporaires — si éminemment provisoires —, ces refuges qu'il faudra quitter même si on a peur soudain de ces monstres noirs, devant et derrière soi, et de leurs lumières violentes et appliquées, perspicaces et affolantes. Alors on prend sur soi, sur ce qui vous reste de soi et de sa machine, et la machine alors gémit, ronronne et vous emmène, vous, à sa merci, elle, à la vôtre. Alors vous le savez, là, en retrouvant à votre place, sur votre coussin de plastique ou de cuir, l'odeur de vos propres cigarettes, vous savez en touchant de votre main vivante, tiède, ce volant froid de bois ou de bakélite qui vous a mené jusque-là et qui prétend vous mener ailleurs, alors vous savez que votre voiture n'est pas seulement un instrument de transport, mais aussi un élément mythique, l'instrument possible de votre Destin, capable de vous perdre ou de vous sauver, le char d'Hippolyte et non le millième exemplaire d'une chaîne.

Contrairement à ce qu'on pourrait croire, les tempo de la vitesse ne sont pas ceux de la musique. Dans une symphonie, ce n'est pas l'allegro, le vivace ou le furioso qui correspond au deux cents à l'heure, mais l'andante, mouvement lent, majestueux, sorte de plage où l'on parvient au-dessus d'une certaine vitesse, et où la voiture ne se débat plus, n'accélère plus et où, tout au contraire, elle se laisse aller, en même temps que le corps, à une sorte de vertige éveillé, attentif, et que l'on a coutume de nommer « grisant ». Cela se passe la nuit sur une route perdue, et parfois le jour dans des régions désertes. Cela se passe à des moments où les expressions « interdiction », « port obligatoire », « assurances sociales », « hôpital », « mort », ne veulent plus rien dire, annulées par un mot simple, utilisé par les hommes à toutes les époques, à propos d'un bolide argenté ou d'un cheval alezan : le mot « vitesse ». Cette vitesse où quelque chose en soi dépasse quelque chose d'extérieur à soi, cet instant où les violences incontrôlées s'échappent d'un engin ou d'un animal redevenu sauvage et que l'intelligence et la sensibilité, l'adresse — la sensualité aussi — contrôlent à peine, insuffisamment en tout cas pour ne pas en faire un plaisir, insuffisamment pour ne pas lui laisser la possibilité d'être un plaisir mortel. Odieuse époque que la nôtre, celle où le risque, l'imprévu, l'irraisonnable sont perpétuellement rejetés, confrontés à des chiffres, des déficits ou des calculs ; époque misérable où l'on interdit aux gens de se tuer non pour la valeur incalculable de leur âme mais pour le prix d'ores et déjà calculé de leur carcasse.

En fait la voiture, sa voiture, va donner à son dompteur et son esclave la sensation paradoxale d'être enfin libre, revenu au sein maternel, à la solitude originelle, loin, très loin de tout regard étranger. Ni les piétons, ni les agents, ni les automobilistes voisins, ni la femme qui l'attend, ni toute la vie qui n'attend pas, ne peuvent le déloger de sa voiture, le seul de ses biens, après tout, qui lui permette une heure par jour de redevenir physiquement le solitaire qu'il est de naissance. Et si, en plus, les flots de la circulation s'écartent devant sa voiture comme ceux de la mer Rouge devant les Hébreux, si en plus les feux rouges s'éloignent les uns des autres, se raréfient, disparaissent, et si la route se met à osciller et à murmurer selon la pression de son pied sur l'accélérateur, si le vent devient un torrent par la portière, si chaque virage est une menace et une surprise et si chaque kilomètre est une petite victoire, alors étonnez-vous que de paisibles bureaucrates promis à des destins brillants au sein de leur entreprise, étonnez-vous si ces paisibles personnes aillent faire une belle pirouette de fer, de gravier et de sang mêlés dans un dernier élan vers la terre et un dernier refus de leur avenir. On qualifie ces sursauts d'accidentels, on évoque la distraction, l'absence, on évoque tout sauf le principal qui en est justement le contraire, qui est cette subite, insoupçonnable et irrésistible rencontre d'un corps et de son esprit, l'adhésion d'une existence à l'idée brusquement fulgurante de cette existence : « Comment, qui suis-je ? Je suis moi, je vis ; et je vis ça, et j'y vais à 90 kilomètres à l'heure dans les villes, 110 sur les nationales, 130 sur les autoroutes, à 600 à l'heure dans ma tête, à 3 à l'heure dans ma peau, selon toutes les lois de la maréchaussée, de la société et du désespoir. Quels sont ces compteurs déréglés qui m'entourent depuis l'enfance ? Quelle est cette vitesse imposée au cours de ma vie, de mon unique vie ?... »

Mais là, nous nous éloignons du plaisir, c'est-à-dire de la vitesse considérée comme un plaisir, ce qui est finalement la meilleure définition. Disons-le tout de suite comme Morand, comme Proust, comme Dumas, ce n'est pas un plaisir trouble, ni diffus, ni honteux. C'est un plaisir précis, exultant et presque serein d'aller trop vite, au-dessus de la sécurité d'une voiture et de la route qu'elle parcourt, au-dessus de sa tenue au sol, au-dessus de ses propres réflexes, peut-être. Et disons aussi que ce n'est pas, justement, une sorte de gageure avec soi-même dont il s'agit, ni d'un défi imbécile à son propre talent, ce n'est pas un championnat entre soi et soi, ce n'est pas une victoire sur un handicap personnel, c'est plutôt une sorte de pari allègre entre la chance pure et soi-même. Quand on va vite, il y a un moment où tout se met à flotter dans cette pirogue de fer où l'on atteint le haut de la lame, le haut de la vague, et où l'on espère retomber du bon côté grâce au courant plus que grâce à son adresse. Le goût de la vitesse n'a rien à voir avec le sport. De même qu'elle rejoint le jeu, le hasard, la vitesse rejoint le bonheur de vivre et, par conséquent, le confus espoir de mourir qui traîne toujours dans ledit bonheur de vivre. C'est là tout ce que je crois vrai, finalement : la vitesse n'est ni un signe, ni une preuve, ni une provocation, ni un défi, mais un élan de bonheur.

Orson Welles

J'étais alors réfugiée depuis deux mois à Gassin, petit village exquis et réprobateur qui, du haut de ses deux cents mètres de coteaux, contemple depuis trente ans les excès de sa folle sœur : Saint-Tropez. Il avait plu pendant deux mois, et entre les feux de bois et les cavalcades jusqu'au bistrot du coin, j'avais plus une impression de Sologne que de Midi. C'était en 1959, ou 60, ou 61, je ne sais plus. Une fois passée l'adolescence, les années s'empilent heureuses ou malheureuses, et je suis devenue incapable d'y mettre un chiffre. Je venais de déserter, donc, pour la première fois le foyer conjugal mais j'en avais gardé néanmoins assez d'affection envers la gente masculine pour qu'un ami très cher, occupé au Festival de Cannes, obtînt de moi la promesse de l'y rejoindre un jour.

Je ne savais de Cannes et de son Festival que ce que l'on en imaginait à l'époque, c'est-à-dire un mélange de champagne glacé, de mer tiède, de foule admirative et de demi-dieux américains, et j'avoue que l'ensemble ne me tentait pas beaucoup. Ce pressentiment se révéla juste dès mon arrivée où, perchée sur une marche du vieux Palais du Festival avec cet ami et regardant entrer les juges et les vedettes du jour, je fus tout à coup happée dans un mouvement de foule extravagant, provoqué par l'arrivée d'Anita Ekberg, Gina Lollobrigida ou je ne sais qui, et qui transforma les paisibles badauds émerveillés en une foule exaspérée et féroce. Je n'ai, personnellement, pas peur des gens en général mais là, je l'avoue, encerclée de tous ces visages, ces profils, ces épaules, ces trous noirs alternant avec un soleil éclatant, je fus prise de panique. Je me débattis et je me préparai comme on dit bêtement « à succomber sous le nombre », quand un bras plus que vigoureux m'arracha de cet enfer, me transporta à travers des escaliers, des couloirs et des portes secrètes jusqu'à un bureau où il me laissa retomber sur un canapé ; et là, je découvris que ce King Kong bénéfique était aussi le King Kong de la séduction, puisque, avant même de le voir, je reconnus à son rire que c'était Orson Welles.

Dans ce bureau, à part quelques préposés au Festival et à part mon ami complètement décoiffé, il y avait, si mes souvenirs sont bons, Darryl Zanuck et Juliette Greco, plus un ami impresario qui, les premières émotions passées et le premier et cordial whisky avalé, nous suggéra d'aller dîner ensemble le soir même à la Bonne Auberge. Personnellement il aurait pu me suggérer d'aller dîner le soir même à Valparaiso ou à Lille, dès l'instant que Welles y était, il n'y avait plus qu'à le suivre. Le petit, très petit nombre d'illusions que j'avais pu perdre sur les hommes avait été aussitôt renfloué par sa seule présence. Il était immense, il était colossal en fait. Il avait les yeux jaunes, il riait d'une manière tonitruante et il promenait sur le port de Cannes, sa foule égarée et ses yachts somptueux, un regard à la fois amusé et désabusé, un regard jaune d'étranger.

Pendant les années qui suivirent et à force de raconter quand on parlait de lui cette anecdote pittoresque, je finis par me demander si elle avait été vécue : il y a une mémoire sélective en chacun de nous qui trie les événements, conservant les heureux et oubliant les malheureux — ou le contraire —, une mémoire à laquelle l'imagination ne dédaigne pas quelquefois de prêter la main. Ce ne fut que lorsque je revis Welles à Paris, des années plus tard au Luxembourg où il vint me chercher pour déjeuner, ce ne fut que lorsque, sous prétexte que je ne me fasse pas écraser, il me prit sous le bras comme un paquet de linge et me fit traverser toutes les rues, la tête et les pieds ballants de chaque côté de son bras, vociférant et le maudissant, que je pus croire enfin à la véracité de mes premiers souvenirs... Mais ceci est une autre histoire.

Pour en revenir à Cannes, en cette année mal étiquetée où il présentait en tout cas le film *La*

Soif du mal, pour en revenir à cette année-là, nous allâmes effectivement dîner à la Bonne Auberge avec cet ami à moi, plus un Zanuck plein d'amour, une Greco pleine d'humour, un Welles plein de dettes. Son dernier film était interrompu en plein tournage faute d'argent, et il était plus ou moins entendu que ce dîner convaincrait Darryl Zanuck (déjà l'un des plus puissants producteurs d'Hollywood) d'arranger ça. Pendant une demi-heure je crois, le repas fut assez paisible : nous vîmes défiler des ballets de hors-d'œuvre, spécialité de l'endroit, et nous commentâmes en franco-anglais les péripéties de l'après-midi. On riait, chacun était drôle. Et puis par un biais inévitable, on en vint à parler du cinéma en général, puis de la production, puis du rôle du producteur dans le cinéma, et là, la conversation se déroula dans un anglais de plus en plus rapide. J'avoue que je la suivais obligeamment mais de loin, quand je me retrouvai soudain projetée dans mon assiette par une tape vigoureuse de mon voisin de gauche, Orson lui-même. « You and I, me dit-il, vous et moi, nous sommes des artistes, nous n'avons rien à voir avec cette bande de financiers ou d'escrocs à la noix. Il faut les éviter comme la peste, ce sont des intermédiaires, des... » Suivirent quelques insultes dont je ne saisis pas exactement le sens mais qui se révélèrent assez efficaces pour que Zanuck retire son cigare, se lève tout pâle, que Welles s'en aille en même temps que nous, abandonnant son dessert, et que son film reste en plan. J'étais à la fois désolée pour son film et enchantée pour lui. Pour lui, pour la vie, pour l'Art, pour les « artistes » comme il disait, pour la vérité, pour la désinvolture, la grandeur, pour tout ce qu'on veut — et qui m'enchante toujours d'ailleurs. Je ne le revis donc que dix ans après, mis à part quelques coups de téléphone Gassin-Londres-Paris où nous fîmes des projets fumeux, hélas.

Ce jour-là, après m'avoir donc trimbalée comme un sac de vêtements à travers toutes les avenues de Paris et les Champs-Elysées, il finit par m'asseoir sur une chaise pour déjeuner avec deux amis à lui. Il mangea comme un loup, rit comme un ogre, et nous finîmes tous l'après-midi dans son appartement du George V où il avait atterri après maints ravages dans les autres palaces de Paris. Il marcha de long en large, parla de Shakespeare, du menu de l'hôtel, de la bêtise des journaux, de la mélancolie de quelqu'un, et je serais incapable de répéter une de ses phrases. Je le regardais, fascinée. Personne au monde, je crois, ne peut donner autant l'impression du génie tant il y a en lui quelque chose de démesuré, de vivant, de fatal, de définitif, de désabusé et de passionnel. J'eus simplement un instant de terreur quand il nous proposa brusquement de partir l'heure suivante à Valparaiso, justement. Je me dirigeai donc vers la porte pour aller chercher mon passeport (abandonnant là un deuxième foyer conjugal, un enfant, un chien, un chat, non pas dans des intentions coupables mais simplement parce que Welles était irrésistible et que le moindre de ses souhaits devait être très évidemment exaucé). Dieu merci, ou tuedieu, le téléphone sonna, lui rappela qu'il devait partir pour Londres, et Valparaiso tomba à l'eau ou y resta.

La semaine suivante, encore sous le choc, je me fis projeter, grâce à *L'Express* pour lequel je faisais à l'époque des critiques de cinéma, je me fis projeter tous ses films. En quelques jours, je vis les quatre films de lui que je ne connaissais pas, revis les autres, et j'avoue que je ne compris pas. Je ne compris pas que les Américains ne se roulent pas à ses pieds avec des contrats ou que les producteurs français, qu'on disait si assoiffés de risques à l'époque, ne courent pas le chercher dans la campagne anglaise. Quitte à lui adjoindre deux gardes du corps s'il manifestait (ce qui lui arrivait, disait-on) l'envie de quitter le plateau pour filer au Mexique ou ailleurs en cours de tournage.

J'en vis des choses, cette semaine-là : l'énorme cadavre du capitaine corrompu par la police, du flic sadique, flotte entre l'eau et les détritus, sous un pont. Marlène Dietrich le regarde. L'honnête attorney lui demande : « Vous le regrettez ? » Elle répond : « He was a kind of a man » (C'était quelqu'un). La générale Rodriguez regarde la photo de l'homme qu'elle

a aimé et qui l'a volée et qui va la tuer bientôt :
« Qu'en pensez-vous ? — He was a kind of a
man. » Joseph Cotten, infirme, parle de
l'homme qui l'a trahi et chassé, son meilleur
ami : « He was a kind of a man. » J'en passe.
Mais à revoir à la file tous ces films de Welles, il
me semblait retrouver partout la même obsession : celle du tempérament. Welles aime un
type d'homme, le sien sans doute : violent,
tendre, intelligent, amoral, riche. Obsédé et
épuisé par lui-même, force de la nature, subju-
guant, terrorisant, jamais compris et ne s'en
plaignant jamais. Ne s'en souciant d'ailleurs
probablement pas. Le jeune et féroce Kane,
l'orgueilleux Arkadin, le sombre Othello, tous
monstrueux, tous solitaires : la rançon de l'intelligence à son zénith. Il n'y a qu'un film où il
ait joué le rôle de la victime : c'est *La Dame de
Shanghaï*. Le rôle du monstre, il l'avait laissé à
Rita Hayworth : il faut dire qu'il l'aimait.

Seulement cette superbe solitude devenait
lourde. Welles, pour vivre, dut tourner des rôles
idiots ; on lui avait enlevé ses armes : sa

caméra ; un monde de petits hommes à lunettes et stylomines, de comptables et de producteurs était arrivé à renverser Gulliver qui avait autre chose à penser qu'à ces lilliputiens. Il succomba presque sous le tas. Alors il tourna *La Soif du mal ;* une séquence particulièrement belle, entre trente autres, m'a frappée, celle où il retrouve celle qui a été un beau monstre comme lui, Marlène. Elle lui dit qu'il est devenu gros et laid, qu'il ne ressemble plus à rien, elle lui dit que son avenir est derrière lui et il se passe alors, pour la première fois dans ses films, quelque chose comme de la pitié. Elle rejette la fumée par le nez comme dans *L'Ange bleu,* et il a son regard de taureau blessé avant la mise à mort. Où était passé Kane, le jeune taureau noir et furieux, qui avait soulevé de terreur les arènes de l'Amérique ? Que lui avait-on fait ? Que s'était-il fait ? Je n'étais pas assez au courant pour le dire. Je savais simplement que tous ses films empestaient le talent et qu'on pouvait se demander qui était le ou les « vidés ».

Par la suite il y eut quand même *Le Procès* et assez d'articles sur la technique de Welles, sa démesure, sa violence, etc. N'importe qui peut, en allant voir n'importe lequel de ses films, retrouver la poésie, l'imagination, l'élégance, tout ce qui fait le vrai cinéma. Personnellement, ce sont ses obsessions qui m'intéressent. L'argent, par exemple : Welles aurait dû être prodigieusement riche. Il aurait vraiment aimé l'être. Qu'on se rappelle cette scène de *Monsieur Arkadin :* le jeune homme court dans la rue, il doit trouver du foie gras un soir de Noël, pour satisfaire la fantaisie absurde d'un vieillard qu'il veut sauver. Il trébuche sur une Rolls, celle d'Arkadin, qui veut le tuer mais qui l'emmène très aimablement dans un grand restaurant où quinze valets se précipitent porter un foie gras pour Monsieur Arkadin. Qu'on se rappelle les bals chez les Amberson, le pique-nique de Kane, les Rolls, les châteaux, les avions, les yachts, les fêtes, les centaines de laquais, de secrétaires, de filles soumises. Quel dommage ! Quel dommage que Welles n'ait pas acheté des actions Shell ou des snack-bars avec ses premiers succès, quel dommage qu'il ait divagué à travers le monde en jetant l'argent par les fenêtres. Quel dommage qu'il n'ait fait d'autres investissements que ceux de son bon plaisir... Je le dis sans ironie. Car en dehors de ses Rolls, il aurait une maison de production et nous, nous verrions un chef-d'œuvre tous les trois ans... Quel dommage pour nous et sûrement pour lui, mais aussi quel superbe destin que celui de ce génie, vivant au jour le jour, passant par Paris se faire décorer par Mitterrand, repartant dans sa ferme américaine soigner son arthrite, tournant des films publicitaires pour des sommes ridicules. Quelle superbe silhouette que celle de cet homme immense en tout, condamné à vivre parmi des demi-nains sans imagination et sans âme ; et leur extorquant juste, par un souverain mépris, de quoi nourrir ou abreuver sa carcasse. On ne pourra jamais faire un film sur Welles, du moins, je l'espère, parce que personne au monde n'aura sa stature, son visage, et surtout dans les yeux cette espèce d'éclat jamais adouci qui est celui du génie.

Le théâtre

J'entamai ma carrière théâtrale pour la raison la plus naturelle et la plus modeste qui soit : distraire mon entourage. J'avais loué une charmante maison cet hiver-là, à soixante kilomètres de Paris, pour y traverser une de mes périodes anti-frivolités : foin de la vie parisienne, foin des night-clubs, du whisky, des aventures, de la nouba. Vive la lecture, les feux de bois, la grande musique et les discussions philosophiques. A intervalles réguliers, ces crises sont toujours venues et viennent toujours secouer ma vie, ou plutôt en ralentir provisoirement les secousses. Celle-là s'était produite pendant la rédaction de mon troisième livre, et fort égoïstement, je m'étais enfouie avec mes personnages dans ses dernières pages, je n'avais pas vu tomber les dernières feuilles de l'automne, ni même la neige. Je n'avais pas vu s'écourter les jours ni s'allonger le visage de mes amis. Quand je repris connaissance, si je peux dire, après le mot « Fin » de *Dans un mois, dans un an,* je ne vis autour de moi que dépressions nerveuses, chagrins d'amour, désordres mystiques et autres désagréments propres à tous les âges de la vie, mais spécialement réservés aux citadins exilés à la campagne. La vue d'un papier et d'une plume stimulant encore ma main et mon cerveau, j'écrivis la scène 1 de l'Acte I d'une pièce de théâtre, et commençai ainsi un dialogue entre un frère et une sœur, coincés par la neige et l'hiver dans un château en Suède. J'espérais sans doute confusément que la comparaison entre ce destin et le leur rendrait quelque optimisme à mes amis. En tout cas, ce début d'acte les fit rire. (Et qu'on ne croie pas là à un rire de complaisance. J'ai toujours été entourée d'amis exquis mais implacables, que ma littérature ne passionne pas autrement ; j'ai toujours eu droit à quelques commentaires désabusés plus qu'à des cris d'admiration ; et cette cour obséquieuse et enthousiaste de parasites délirants que l'on m'a parfois prêtée, j'avoue que, certains jours, j'ai franchement rêvé de l'avoir.)

Je mens d'ailleurs en disant que ce furent là mes débuts au théâtre. Je me rappelle au contraire avoir, dès l'âge de douze ans, accablé ma mère de pièces historiques et dramatiques dont ma lecture la poursuivait jusqu'au fond de son lit.

C'était du style suivant :

LE ROI

Qu'on le jette dans un cul-de-basse-fosse !

LA REINE

Sire, pitié ! Vous n'avez pas le droit...

LE PRISONNIER

Laissez, Madame. Je saurai mourir comme j'ai vécu : debout.

LE ROI (*ricanant*)

Debout, ah ah ! ! ! A genoux dans la paille, oui !

LA REINE

Sire, vous n'êtes pas un homme cruel, je le sais... Comment pouvez-vous... etc.

Ma mère, malgré son immense courtoisie, s'évanouissait lentement après une demi-heure de ces salamalecs. Je voyais son œil appliqué devenir fluide, rétréci puis absent sous une paupière secourable. Je soupirais alors et me levais avec des sentiments de compassion et d'attendrissement mêlés : bien sûr, c'était un texte un peu fort, un peu violent, un peu dur, et j'avais peut-être eu tort de le jeter ainsi à la tête de ma mère entre deux dîners mondains, de prendre sa sensibilité au dépourvu et de lui infliger d'un coup l'impact de la littérature et du drame. A mon sens, elle ne s'était pas endormie, d'ailleurs : elle s'était comme réfugiée dans le sommeil, à l'abri de cette violence verbale, insoupçonnée chez son enfant. Un jour, bientôt, elle pleurerait au troisième rang d'orchestre en même temps que le Tout-Paris pétrifié de terreur et d'admiration. J'allais coucher ma tête d'ores et déjà dépeignée sur le mol oreiller de ma famille et m'endormais presque aussitôt, non sans avoir rêvé de l'Acte II.

Mais enfin, cet hiver-là, j'avais déjà entamé une « carrière littéraire », comme on dit, publié deux livres, terminé le troisième, et qui, après tout, pouvait m'interdire de rêver au théâtre ? Personne, bien sûr. Et ce ne fut la faute de personne si j'allai faire alors quelques gambades dans un champ avec ma voiture décapotable, si l'on m'accorda illico l'extrême-onction et si je me retrouvai durant six mois habillée à la scène comme à la ville en toute exclusivité par les bandes Velpeau.

La suite tient du hasard. Jacques Brenner, qui dirigeait *Le Cahier des saisons,* me demanda un texte inédit un an plus tard, et par pure paresse je lui envoyai ce que j'avais sous la main, c'est-à-dire le début de cet acte suédois. Il en publia les quelques pages dans sa revue et André

Barsacq, qui dirigeait alors le Théâtre de l'Atelier, tomba dessus par hasard dans un train. Cela lui plut assez pour qu'il me téléphonât, à Paris. Ce projet était devenu vieux de deux ans et je fus d'abord abasourdie de son entrain à en parler comme d'une découverte. Il vint me voir, m'expliqua que ces trente pages étaient fort bonnes mais qu'il en manquait cent autres, qu'il fallait un milieu, une fin, une intrigue et un dénouement, etc., toutes choses que je n'avais pas à l'époque envisagées, alors obsédée par l'idée de faire rire mes tristes amis. Je partis alors pour la Suisse dans un endroit lugubre s'il en est, et entre deux chalets et trois Gasthaus, entre des chutes de neige, des fondues, des décis de vin et des plaquettes de chocolat blanc, je ne trouvai tout d'un coup, comme seule planche de salut, que l'idée de cette pièce devenue symbolique pour moi aussi : j'étais comme mes héros, coincée dans une neige épaisse, avec des gens en pleine santé, de joyeux sportifs au nez rouge et aux après-skis assourdissants. J'étais coincée loin de toute civilisation un peu dégénérée et un peu délurée. J'écrivis donc *Château en Suède* en trois semaines, échangeant avec Barsacq des coups de téléphone éperdus et parfois hilares. Je découvrais non pas les difficultés mais les facilités du théâtre. Ses rails vous pilotent de force : l'unité de temps, l'unité de lieu, cette impossibilité de quitter l'action sous peine d'ennuyer le public, cette nécessité d'être rapide et de courir vers un dénouement au lieu de s'abîmer dans des rêveries sentimentales ; cet impérieux besoin d'être nerveux et convaincant, tout cela me paraissait correspondre parfaitement à certaine ambition de mon tempérament d'écrivain. Les nouvelles et les pièces ont toujours été considérées, semble-t-il, comme plus difficiles que le roman : relevant, pour les premières, d'un art plus subtil, et pour les secondes d'un métier plus précis. Or personnellement, il m'a toujours semblé que les nouvelles correspondaient chez moi à un manque de souffle, et les pièces, à une facilité de dialogue. Les nouvelles et les pièces partent de caractères que l'on expose tout de suite, ces caractères entraînent une action que l'on déroule très vite aussi et qui arrive à un dénouement tout aussi inévitable et prévu dès les premières répliques. Le roman, lui, va d'incertitudes en incertitudes, de suggestions en suggestions, de changements de caractère en changements de caractère. Bref, le roman a toutes les libertés périlleuses et si fatalement séduisantes, les dérivations, les vagabondages, que l'on doit écarter automatiquement d'un bref récit ou d'un déroulement dramatique. Disons que les nouvelles et le théâtre sont des axiomes, et que le roman, lui, est un immense et complexe théorème.

Bref, j'écrivis *Château en Suède,* Barsacq le mit en scène, et ce fut un succès. J'allais plusieurs fois aux répétitions, tous les jours d'ailleurs, à la fin, fascinée que j'étais d'entendre mes mots, mes réflexions ou mes répliques dites par des voix humaines. Je voyais naître « Sébastien » dans Claude Rich, « Hugo » chez Philippe Noiret, « Eléonore » chez Françoise Brion, etc. Je regardais, émerveillée, ces gens que je ne connaissais pas, qui ne me devaient rien et qui, pour moi, se pliaient aux caprices de mon imagination : je leur en avais une grande gratitude. Et je dois dire que je ressens toujours cet étonnement et cette reconnaissance en voyant des adultes articuler mes propos, plus ou moins drôles et plus ou moins profonds, devant un public supposé adulte, ou qui en tout cas s'est dérangé et a payé des petites fortunes pour les entendre. Je ne crois pas qu'un auteur s'habitue jamais à cela. Disons que pour moi qui me rappelle avoir imaginé mes dialogues à la suite d'un après-midi de pluie, à cause d'un whisky de trop ou d'une crise d'inspiration subite et suspecte, la conviction que mettent des comédiens, chevronnés ou pas, mais visiblement sincères, à dire à voix haute ces mots que j'ai écrits à voix basse, si je peux dire, relève du dévouement comme de l'imprudence.

Je découvris donc, cette année-là, les charmes du succès théâtral — les applaudissements à certains moments, les silences à d'autres — le charme d'un public qui me semblait en or puisqu'il aimait ma pièce. J'écoutais avec délices la rumeur publique : « Et en plus, elle sait écrire des pièces ! »

J'avais entre-temps rencontré « Le Théâtre »,
un Théâtre rouge, noir et or avec des rideaux,
des fleurs, des bouteilles de champagne, des
vociférations, des surprises et des grandeurs,
tout cela réuni chez une seule femme qui se
trouva être Marie Bell, et chez laquelle d'ailleurs, tout cela est toujours réuni. Un beau
matin donc, Marie Bell m'apostropha chez un
coiffeur. De dessous son casque, telle une souveraine wisigoth, elle m'ordonna, d'une voix d'autant plus tonnante qu'elle ne s'entendait pas
elle-même, de lui écrire une pièce pour son
Théâtre du Gymnase. Je cédai aussitôt, je
contractai aussitôt l'habitude de dire « oui » à
Marie. Et ceux qui la connaissent ne s'en éton-
neront pas. Pour ceux qui la connaissent moins,
rappelons qu'elle est brune, belle, violente, avec
des yeux d'oiseau et un humour de Cosaque.
Rappelons qu'elle dit du Racine comme on boit
de l'eau et qu'elle a joué aussi bien les prosti-
tuées que les impératrices. J'écrivis donc une
pièce pour elle qui s'appelait *Les violons parfois*
et que nous répétâmes trois mois dans son
somptueux théâtre avec Pierre Vaneck et un
metteur en scène anglais dont je ne me rappelle

plus le nom mais que, visiblement, Marie Bell terrifiait. Le jour de la première, le public me parut moins attentif que pour *Château en Suède*. Au demeurant, sur les conseils de Marie, je m'étais fait faire un maquillage compliqué par un des coiffeurs vedettes de l'époque, et au fond de ma loge, le fard me piquant les yeux — comme l'inquiétude, d'ailleurs —, je n'eus de cesse de me couvrir le visage de noir et de vermillon au point qu'à l'entracte plusieurs personnes relativement intimes me demandèrent le chemin des loges, voire me filèrent quelques francs en me confiant leur vestiaire. Je volai me mettre sous l'aile de Marie qui, bien que se sentant partie vers la catastrophe, tapait du pied et faisait bonne figure — avant de se lancer dans le deuxième acte qui paracheva notre impression première : c'était un four total. Par pure chance, le Gymnase jouait en alternance *Adieu prudence* de Barillet et Grédy en même temps que nos *Violons parfois*, et grâce à cette dite alternance, nous tînmes l'affiche plusieurs mois tout en n'ayant joué, je crois, que dix-sept fois. Passé les démonstrations d'amitié, d'affection, de compassion — voire de jubilation chez certains — qui nous attendaient à la fin de cette pénible soirée, nous allâmes le lendemain avec Marie Bell chercher les journaux, au Publicis de l'Etoile, afin d'être fixées sur notre sort. Nous étions devant l'Arc de Triomphe sous un réverbère, et Marie qui avait oublié ses lunettes me demanda de lui lire, une par une, les critiques du *Figaro,* de *L'Aurore,* etc. « Journaux du matin : chagrin. » J'essayai machinalement pendant ma lecture d'éliminer les remarques désagréables pour elle et d'insister plutôt sur les miennes. En vain : elle me faisait tout lire et relire, et c'était catastrophique. Et plus je lisais et plus elle riait, d'un rire qui l'avait prise tout à coup entre deux invectives comme « Texte exécrable... Acteurs impossibles... Mise en scène inexistante... Aucun intérêt », etc., d'un rire qui ne la lâchait plus. Et qui, bien entendu, me gagna ; mais j'avais moins de mérite qu'elle. Car après tout, c'était son théâtre, c'était son argent, c'était son rôle, c'était plus grave pour elle, peut-être, que pour moi. Aussi ce rire merveilleux, irrésistible et tonitruant qui secouait Phèdre près de moi, dans sa belle Mercedes, me sembla-t-il le signe

— et je n'avais pas tort — d'une amitié définitive. Il est rare de se faire des amis le soir d'un
four dans une équipe théâtrale. J'eus la chance,
et je l'ai encore, d'avoir découvert, à l'occasion
de ce premier échec, une de mes meilleures
amies.

Ma troisième tentative fut un succès. Je rencontrai Danielle Darrieux dans *La Robe mauve
de Valentine* que, sans le savoir, j'avais écrite
pour elle. Le premier jour des répétitions, elle
entra en scène et elle fut « Valentine » sans que
ni Jacques Robert — admirable metteur en
scène au demeurant — ni moi-même, n'ayons
rien à lui souffler ni à lui suggérer. A vrai
dire, je jubilais d'avance sans me préoccu-
per du sort de cette pièce : je voyais s'allonger
devant moi deux mois de bonheur, et comme
pour le jeu, il faut être amoureux du théâtre
pour le comprendre. Le charme des répétitions,
cette odeur du bois fraîchement découpé que
dégagent les décors, la pagaille des derniers
moments, l'excitation, la fureur, l'optimisme, le
désespoir, tout cela a été assez souvent décrit

par tout un chacun pour que je n'y ajoute pas un iota. Disons simplement que c'était l'automne, qu'il faisait beau et qu'il pleuvait successivement à Paris ; mais que, de toute manière, le temps restait stable pour moi puisqu'il n'existait que pendant six heures, tous les jours ; au même moment et dans le noir le plus complet. Il y avait des fauteuils ouverts dans l'obscurité où s'asseyaient, à tâtons, deux ou trois ombres éparpillées dans la salle, avec ces feuillets pâles que l'on triturait dans le noir ; et il y avait, déambulant sur la scène, souveraine et irréelle, ma Valentine : Darrieux qui poursuivait sa course vers le dénouement. Il y avait les pauses où l'on buvait un verre ou deux dans sa loge, il y avait les jours de gaieté où tout avait bien marché et où l'on allait arroser ça dans un Paris devenu complètement étranger et anonyme puisqu'il n'était pas circonscrit dans le Théâtre des Ambassadeurs. Après la tension des répétitions, nous rencontrions des étrangers dont nous devenions les meilleurs amis en trois minutes, même si nous savions qu'ils seraient ensuite, et aussi vite, définitivement oubliés. Ne rentraient dans notre cercle infernal que ceux qui avaient un rapport avec notre pièce, notre spectacle, notre œuvre. Nous étions des fanatiques, voués au martyre ou au triomphe, des adeptes d'une religion parfaitement inconnue à quiconque, dont nous connaissions par cœur tous les psaumes, et qui faisait de nous la minorité la plus fermée qu'on puisse imaginer. Nos époux eux-mêmes, celui de Danielle Darrieux et le mien, avaient été happés par cette force aspirante, et je crois qu'ils connaissaient la pièce aussi bien que nous-mêmes. De temps en temps, en dehors du théâtre, Danielle Darrieux parlait comme Valentine, pensait comme Valentine, et nous en restions tous émerveillés. Le jour de la première je savais — parce qu'il ne pouvait pas en être autrement, parce qu'elle était là, elle — que les gens l'aimeraient ; et effectivement ils l'aimèrent.

Château en Suède, Les violons parfois, La Robe mauve de Valentine, je me rendis compte que, partie d'un superbe château suédois, j'avais glissé dans un appartement cossu de province, puis carrément dégringolé dans un hôtel miteux

127

du XIVe arrondissement. Je décidai de remonter la pente et émigrai à Saint-Pétersbourg dans l'hôtel particulier d'un noble comte ruiné, mais fastueux. J'écrivis *Bonheur, impair et passe* et embarquai avec moi de très bons et très joyeux amis, Juliette Gréco, Jean-Louis Trintignant, Daniel Gélin, et le très cher, très talentueux et très charmant Michel de Ré aujourd'hui disparu. Alice Cocéa, dont ce fut le dernier rôle au théâtre, je crois, jouait la mère et belle-mère de tout ce petit monde. Quant à moi, dans un subit accès de paranoïa, je jouais le metteur en scène. Au terme d'une fumeuse mais rebondissante conversation, j'avais prouvé à je ne sais quel malheureux interlocuteur que la mise en scène était un art nouveau, tout à fait surfait, qu'on le portait aux nues depuis trente ans, mais qu'auparavant ni Molière ni Racine ne s'en étaient préoccupés ! Et que Jean Anouilh le prouvait bien à chacune de ses pièces en dirigeant lui-même merveilleusement ses comédiens. J'avais déclaré que les pouvoirs que l'on reconnaissait à présent aux metteurs en scène étaient exorbitants et non justifiés. Et pour en donner la preuve, j'allais endosser à mon tour

cette sacro-sainte responsabilité. Je convain-
quis mon interlocuteur et, hélas ! moi-même. Et
c'est ainsi que nous nous retrouvâmes, tous mes
comédiens et moi, un bel après-midi d'automne,
sur la scène du Théâtre Edouard VII, sans autre
surveillance et sans autres indications que les
miennes.

Je n'avais peut-être pas absolument tort sur le
fond, mais je me trompais sur moi-même.
J'avais oublié : 1° que Jean Anouilh avait de
l'autorité, 2° qu'il ne bafouillait pas, 3° qu'il
n'imaginait pas dans ses interprètes de futurs
compagnons de nouba. Moi, si. Malgré le talent,
la très bonne volonté et les efforts sincères de
mes comédiens, nous commençâmes vite, par
mes soins, à patauger. Le Théâtre Edouard VII
est, comme on le sait, situé dans une impasse,
entre le Bar du Cyros qui est charmant, et un
restaurant-bar russe qui est non moins charmant et toujours ouvert. Très vite, nous vécû-
mes de pirojki et de vodka (excellente la vodka,
pour les metteurs en scène indécis), et nous
commençâmes à rire inconsidérément. J'ai

rarement vu autant de pagaille, d'intrigues amoureuses, de fous rires et de cavalcades que dans les coulisses du Théâtre Edouard VII pendant ces deux mois de répétitions. Maintenant encore je ne peux pas passer devant cette impasse sans un sentiment de légèreté et d'amusement rétrospectif, fort éloigné, c'est affreux à dire, du moindre remords. Et pourtant... Pourtant je fis perdre leur temps à mes comédiens, des kopecks à mes productrices (Marie Bell s'étant associée à Claude Génia) et je me fis perdre à moi-même les prestiges et les ressources d'une pièce au demeurant assez charmante.

Le raffinement de ma mise en scène, pour en donner un exemple, atteignit son comble l'après-midi où Juliette Gréco, s'entraînant pour le Gala des Artistes, se foula le pied au bas d'une corde lisse. Or, dans ma pièce, le soir même, elle devait, selon mes indications, rejoindre en scène, au deuxième acte, Michel de Ré, assis dans un fauteuil roulant d'infirme, et Jean-Louis Trintignant, le bras bandé et replié sur la poitrine, tout cela à la suite d'un duel. Lorsqu'il s'avéra que Juliette devrait en plus rester allongée sur un sofa, le pied à l'horizontale entre ces deux éclopés, ma raison vacilla. Ajoutons que le dernier soir des répétitions, je tombai sur un de ces inconnus catégoriques — comme il en traîne toujours dans les théâtres la veille d'une générale —, un inconnu qui se révéla non seulement catégorique, mais en plus à demi sourd. « On n'entend rien, hein ? » me dit-il, funèbre, après le dernier « filage ». « Et, à mon avis, on n'en entendra pas plus demain. » Pourquoi l'ai-je cru ? Mystère. En tout cas, toute la nuit, je veillai avec un ingénieur du son et des électriciens également dévoués afin d'installer tout un système de haut-parleurs supposés ultra-modernes. L'ingénieur dut oublier un léger détail dans sa hâte, car au premier essai le lendemain, les haut-parleurs se mirent à siffler si fort dès qu'on ouvrait la bouche que nous en restâmes atterrés. On aurait dû s'en passer, à mon sens, mais comme devant le sage refus de mes productrices j'avais fastueusement payé de ma poche ce système miraculeux, mes comédiens très gentiment refusèrent que je me fusse ruinée pour rien. La générale se déroula dans une atmosphère curieuse ; comme si le théâtre eût été une sorte de nacelle interstellaire, avec des bruits de fond style *La Guerre des étoiles,* des sifflements, des grondements modernes, mais anachroniques pour une pièce qui se passait vers 1900 à Saint-Pétersbourg. Je vis les invités sortir, l'un hochant la tête comme un cheval effrayé, l'autre, les deux index dans les oreilles, un troisième déglutissant violemment et avec peine. Bien évidemment, les critiques s'en ressentirent et ce fut un four de plus.

J'ajouterai que grâce à la présence de chacun de mes comédiens, ce four dura trois bons mois devant des salles relativement satisfaites (on avait finalement retiré les haut-parleurs). Et que ces trois mois furent délicieux, puisque je considérai comme un devoir de soutenir ces armées vaincues par mon incurie. Pour les soutenir, je continuai à avaler avec eux des pirojki et de la vodka, ce qui en fit la troupe la plus définitivement éreintée et la plus définitivement joyeuse de Paris.

Ma productrice numéro 1, Marie Bell, était, elle, moins joyeuse. Elle avait été absente de Paris pendant les répétitions, et elle n'avait donc pu intervenir ni dans le choix des comédiens, ni dans celui des décors : et c'est une femme qui n'aime pas cela. Revenue pour les dernières répétitions, elle me fit les gros yeux jusqu'à la fatale générale où ses yeux devinrent courroucés. Après ce festival d'anticipation, elle me convoqua dans son bureau, derrière lequel elle m'attendait debout avec Claude Génia, telles deux Parques.

« Es-tu contente de toi ? » me demanda-t-elle quand j'entrai, l'air penaud. Sa voix était orageuse (et encore avaient-elles écouté le spectacle de leur bureau et avaient-elles dû attribuer à leur seul haut-parleur ces affreux sifflements venus d'un autre monde).

« Couci-couça, répondis-je prudemment.

— Et que penses-tu faire maintenant ? » s'enquit Marie furieuse et superbe dans son fourreau noir et sous ses lourds bijoux.

Je pris l'air inspiré à tout hasard :

« Eh bien, j'ai justement le début de la pièce

suivante, dis-je froidement. Voilà, écoutez :
" Qu'est-ce qui fait ce bruit affreux dans les
branches, Soames ? — C'est le vent dans les
arbres, Milady. " »

Et je m'arrêtai là. Marie me lança, pour une
fois dans sa vie, un regard déconcerté.

« Et puis ? demanda-t-elle malgré elle.

— Et puis, c'est tout, dis-je. Je n'ai que le
début. Mais on n'aura qu'à prendre les mêmes
acteurs, ajoutai-je, et les mêmes décors, ils
n'auront pas eu le temps de s'user, partis
comme on est ! Ce n'est pas cette pièce qui... »

Et là je sortis précipitamment avant que ma
douce Marie ne m'envoie son verre à la figure.

Au demeurant, deux ans plus tard, le rideau
du Gymnase se leva sur la générale d'une pièce
où l'on voyait au premier plan une dame
anglaise dire : « Qu'est-ce qui fait ce bruit
affreux dans les branches, Soames ? — C'est le
vent dans les arbres, Milady. » Comme quoi, et
comme le disent les menteurs : « Quand on a les
deux premières répliques d'une pièce, on en a
toutes les autres. » Cette pièce-là était *Le Cheval*

évanoui, qui marcha fort bien et qui fut suivie de quelques autres aux destins divers que je ne vais pas retracer ici par le détail, ce qui deviendrait fastidieux. Disons simplement que le plus beau four de ma vie fut celui de ma dernière pièce, *Il fait beau jour et nuit.*

Au moment où je quittai ma maison en robe du soir, mon chien m'accompagna jusqu'à la porte en frétillant et, avant que je ne la referme derrière moi, eut une brusque nausée qui s'acheva sur ma robe. Je me changeai au galop mais, étant en retard, je gardai le galop pendant le trajet et deux sergents de ville m'arrêtèrent une bonne demi-heure. Quand j'arrivai, ce fut pour apprendre qu'en mon absence l'ascenseur de la Comédie des Champs-Elysées qui transportait une partie du brillant Tout-Paris s'était décroché et avait atterri dix mètres plus bas, projetant mes invités dans tous les sens et détériorant, sinon leur santé, du moins leur humeur. Pendant le spectacle, la chaleur aidant, une dame s'évanouit, et plusieurs personnalités s'endormirent. Huit personnes héroïques vinrent me saluer à la fin dans les coulisses, et la presse unanime démentit ses assertions précédentes sur mon talent d'auteur dramatique.

Comme chaque fois dans ces cas-là, je sifflotai gaiement pendant une bonne quinzaine : un échec au théâtre est, en tout cas pour moi, beaucoup plus dopant qu'un succès. Que faire en cas de réussite, sinon baisser les yeux, minauder, prendre l'air modeste et dire en montrant les comédiens et le metteur en scène : « Ce n'est pas moi, c'est eux. Mais non, vous exagérez... Je suis ravie que ça vous ait plu... etc. » ? En cas d'échec au contraire il faut d'abord rappeler à la troupe en larmes qui vous entoure que ce n'est pas la fin du monde, que la situation est pire au Tchad et que ce huis clos qu'on a vécu deux mois est terminé sans pour autant déboucher dans l'enfer. Et puis, par rapport aux autres, aux méchants amis réjouis de votre déconvenue — et il y en a toujours un certain nombre, hélas, selon les lieux communs de la vie parisienne —, il est absolument impérieux de faire bonne figure. Les règles du théâtre rejoignent celles du chemin de fer et de la roulette. Sourire, siffloter, dire : « Eh oui, ça se passe mal, n'est-ce pas ?... Eh oui, eh oui, ce sont des choses qui arrivent. Vous savez, il y a des choses pires... etc. » Une fois de plus, à force d'afficher l'insouciance, on finit par l'éprouver. Et puis trois mois d'efforts, d'agitation, de cavalcades, de réflexions, de travail en fait, réduits à rien en une heure et demie de représentation, il y a là quelque chose d'héroïque, de fou, d'injuste, de romanesque, bref quelque chose qui fait que, quoi qu'il arrive, pas plus que je ne saurais renoncer au casino, je ne saurais renoncer, je le crois, au théâtre.

Rudolf Noureev

Nous avions rendez-vous à Amsterdam, ville que je ne connaissais pas, avec Rudolf Noureev que je ne connaissais pas non plus. C'était début mars, il pleuvait des seaux sur cette ville paisible et sur ses canaux, et je me demandais avec inquiétude ce que nous allions trouver à nous dire, ce célèbre inconnu et moi-même. J'éprouvais de l'admiration pour lui, bien sûr, mais c'était une admiration obscure et non pas l'admiration éclairée — donc discoureuse — du balletomane. Je ne connais rien à la danse, et mon admiration allait donc à la beauté de l'homme en lui-même, et à la beauté éprouvée de ses démonstrations sur la scène à Paris. Je l'avais vu arriver en courant dans la lumière, je l'avais vu sauter dans un bond triomphant et j'avais senti quelque part que ces sauts, ces pas étaient plus beaux, plus vigoureux, plus superbes que ceux des autres. Plus tard, dans la nuit, je l'avais croisé au hasard des boîtes, piéton ailé, rapide, désinvolte, avec un visage de loup et un rire de Russe. Il faisait alors partie de la grande famille des noctambules, et il avait été facile d'échanger quelques-unes de ces phrases chaleureuses et dénuées de sens, en usage entre passagers de nuit. Mais à Amsterdam, quiète et repliée sur sa quiétude, dans la tiédeur et l'ordre d'un restaurant bourgeois, je restai un moment comme incapable d'établir un rapport quelconque entre ce jeune homme de quarante ans et moi-même. Il était gai, pourtant, il riait, il était aussi détendu et amical qu'il était connu pour ne pas l'être, et je sentais avec effroi qu'il faisait des efforts, alors que c'eût été à moi de les faire. Des clients venaient à la table, lui demandaient un autographe, et il les signait complaisamment avec un rire sarcastique et des réflexions acides, qui me firent croire un moment avec lassitude qu'il était amer. Après quelques taxis et quelques vains efforts pour rattraper une nuit blanche qui n'existe pas à Amsterdam, ou qui du moins n'existait pas pour nous ce soir-là, nous nous retrouvâmes vers 2 heures du matin dans les fauteuils club du hall de l'hôtel, fatigués, un peu déçus, sans savoir dans mon cas si c'était de lui ou de moi. Et puis je lui demandai, je crois, s'il aimait les gens, la vie, sa vie, et il se pencha en avant pour me répondre, et ce visage ironique et indifférent devint celui d'un enfant désarmé, soucieux de s'expliquer, de dire la vérité, un visage sensible, intelligent et nu auquel toutes les questions devaient et pouvaient être posées.

Nous sommes restés trois jours à Amsterdam, trois jours pendant lesquels nous avons déjeuné, dîné avec Noureev, trois jours pendant lesquels nous l'avons suivi sans qu'il se départît d'une bonne grâce légère et désinvolte qui, vu les horaires draconiens de cet enfant gâté, était le comble de la courtoisie. Je ne me souviens plus précisément des questions que je lui posais, ni de leurs réponses, de toute manière ces questions devaient être bien vagues ; mais les réponses, cela j'en suis sûre, avaient cette précision plutôt rare de la sincérité. Un verbe revenait toujours dans sa bouche, c'était le verbe « ful-fil ». « I want to fulfil my life », disait-il. Et pour « fulfil this life », il y avait eu, il y avait et il y aurait toujours la danse, son Art. Il parlait de son art avec ce respect inquiet des sauvages parlant de leurs totems. A six ans, ayant été voir au fond de sa Sibérie natale une représentation du *Lac des cygnes*, Noureev avait décidé d'être danseur. Pendant onze ans, il sut, sans pouvoir se le prouver un instant, qu'il serait danseur. Il n'y avait pas dans sa ville le moindre cours de danse, et il ne pouvait se montrer au public qu'à l'occasion de spectacles folkloriques. Puis on le reconnut, on le découvrit, et il arriva à Lenin-grad ou Moscou, je ne sais plus, où en deux ou trois ans il dut apprendre le b-a-ba de sa passion, toutes les sévères contraintes et lois de ses implacables mécanismes. Il n'eut pas de repos pendant trois ans, il n'eut pas le temps de s'asseoir, de se coucher, de dormir, et de laisser ainsi ses muscles se détendre, devenir longili-gnes et acquérir le délié, l'élégante minceur de ceux de ses compagnons. Les jambes, les cuis-ses, les mollets de Noureev sont très forts, d'un diamètre rare chez un homme de sa taille ; ils donnent une impression de vigueur incroyable et un côté terrien à ce corps dont le buste, les bras, le cou sont si légers et si élancés vers le ciel. Au bout de ces trois années, on le reconnut comme étant le meilleur danseur de toutes les Russies, le premier et le seul. Seulement ses camarades qui étaient partis voguer dans la lointaine Europe étaient revenus avec des films bâclés, des courts métrages sautillants en 8 mm, mais où ils avaient filmé ce que faisaient les autres, ce qu'inventaient les autres, tout ce que lui, le meilleur, ne connaîtrait jamais, ce qui l'empêcherait en son âme et conscience de se sentir, pour de bon et vraiment, le meilleur. Ce n'était pas de la liberté, ni du luxe, ni de la fête, ni des honneurs dont rêvait Noureev en prenant l'avion qui s'éloignait à jamais de Moscou, de sa terre et des siens, c'était de Balanchine, des innovations, des audaces de l'art de Balanchine. Et c'est pourquoi je crois, même maintenant, quand on lui parle de sa mère ou de ses sœurs qu'il n'a pas revues depuis dix-huit ans, à qui il n'a pu que parler par téléphone, même maintenant où son visage se ferme et où il devient muet à cette simple idée, il ne regrette pas un instant ce départ. Il illustre assez bien cette image d'Epinal, ce cliché romantique si usé pourtant et qui paraît si pompeux, selon lequel la seule patrie d'un homme, sa seule famille est son art. Il n'a pas cessé depuis son arrivée à Paris, depuis dix-huit ans, de chercher, d'essayer, d'approfondir et d'inventer toutes les possibilités ouvertes à son corps par la musique. Il danse partout et triomphalement des succès reconnus, mais cela afin de pouvoir monter de nouveaux spectacles, révéler aux gens un art moderne, toujours vivant, souvent difficile, que lui seul peut-être était à même d'imposer à un public aussi conformiste que snob. Il va partout de ville en ville, il est l'homme des avions, des hôtels, des trains, il est l'homme qui ne s'arrête pas, et sa vie privée, comme son corps, obéit au rythme qu'il lui impose. Beaucoup d'amis et pas un ami, beaucoup d'amours et pas un amour, beaucoup de solitude mais jamais la solitude puisque le seul bagage qu'il surveille, une valise pleine de cassettes, l'accompagne partout. Noureev rentre le soir à New York, dans une chambre d'hôtel semblable à celle qu'il a quittée la veille à Berlin, et semblable à celle qui l'accueillera demain à Londres. Il jette ses chaussures, s'allonge sur le lit, écoute la rumeur de la ville, étend la main, pousse un bouton : une musique de Mahler ou de Tchaïkovski s'élève et cette chambre devient celle de son enfance, de sa jeunesse, de toute sa vie à venir ; elle devient chaude et familière, elle devient le berceau de ses seules rêveries.

Alors les gens peuvent bien le lendemain l'applaudir — et il aime leurs applaudissements, il en a besoin et le dit sans honte ni vergogne —, les gens peuvent bien crier au miracle ou à la déception, annoncer qu'il est le plus grand ou qu'il ne l'est plus, ils peuvent bien, sur un registre plus bas, parler de ses fredaines, de ses scandales et de sa morgue, Noureev s'en moque. La réalité pour lui, ce n'est pas cette foule avide et fidèle et les rumeurs qui la suivent, ce ne sont pas ces gros avions aveugles et sourds traversant sans cesse les océans immenses, ce ne sont pas ces chambres d'hôtels qui se ressemblent, ni même ces lits où il va jeter des kilos de fatigue, de sueur et de fards mêlés (« ce lit, le meilleur, le plus fidèle et le plus tendre des amants », dit-il), la réalité pour lui, ce sont les trois heures, ou les six heures qui, chaque après-midi, l'attendent dans un de ces studios inexorablement identiques, plantés au cœur de chaque ville.

Un après-midi, à Amsterdam, nous sommes allés le voir répéter. C'était un studio vert d'eau et marron, triste et sale, avec des glaces tachetées et un parquet criard, un studio comme tous les studios du monde. Il avait des lainages défraîchis et troués autour de son collant, un pick-up grinçait et balbutiait une musique de Bach. Il s'était arrêté en nous voyant, le temps de lancer une plaisanterie et de s'éponger. Je le vis essuyer sa nuque, tamponner son torse, son visage, avec les gestes un peu bourrus et curieusement détachés comme on voit les palefreniers panser leurs chevaux. Puis il fit remettre le disque au départ et, ayant ôté ses mitaines et ses lainages, il se rendit au centre de la salle, toujours souriant. La musique partit et il cessa de sourire, prit la pose, les bras écartés, et il se regarda dans la glace. Je n'avais jamais vu quelqu'un se regarder de la sorte. Les gens se regardent dans une glace avec effroi, complaisance ou gêne, timidité généralement, mais ils ne se regardent jamais comme des étrangers. Noureev observait son corps, sa tête, les mouvements de son cou avec une objectivité, une froideur bienveillante tout à fait nouvelle pour moi. Il s'élançait, il lançait son corps, décrivait une arabesque parfaite, il se retrouvait un genou à terre, les bras tendus dans une pose superbe : il avait accompli ce mouvement avec une vitesse et une grâce féline, il y avait dans la glace le reflet même de la virilité et de la grâce confondues en un seul corps. Et tout le temps de la répétition, alors que visiblement son corps subissait l'influence de la musique, s'en imprégnait, alors qu'il allait de plus en plus vite, de plus en plus haut, qu'il semblait emporté, par des dieux inconnus de tout le monde, dans des rêveries intérieures, il eut vers lui-même ce même regard, regard de maître au valet, regard du serviteur au maître, regard indéfinissable, exigeant, et parfois au bord de la tendresse. Il

149

recommença deux fois, trois fois le même morceau, et chaque fois c'était différent et différemment beau. Puis la musique cessa, enfin il la fit cesser d'un de ces gestes parfaitement impérieux qu'ont les gens comblés par quelque chose d'autre que la vie quotidienne, et il revint vers nous en souriant, épongea avec les mêmes gestes distraits cet instrument en nage, tremblant, essoufflé qui lui tenait lieu de corps. Je commençais à comprendre vaguement ce qu'il entendait par le verbe « fulfil ».

Après, bien sûr, il y eut Noureev gambadant sur les quais d'Amsterdam, Noureev éternellement adolescent, faisant preuve tour à tour de charme et d'exigence, parfois chaleureux comme un frère, parfois renfermé, pressé comme un étranger sur une terre hostile. Il a du charme, de la générosité, de la sensibilité, de l'imagination à revendre, et par conséquent, il a cinq cents profils différents, et sans doute cinq mille explications psychologiques possibles. Et bien sûr, je ne pense pas avoir compris grand-chose à cet animal doué de génie qu'est

Rudolf Noureev. Mais si je devais chercher une définition à cet homme, ou plus exactement trouver une attitude qui le définisse à mes yeux, une attitude symbolique, je ne trouverais rien de mieux que celle-ci : un homme à demi nu dans son collant, solitaire et beau, dressé sur la pointe de ses pieds, et contemplant dans un miroir terni, d'un regard méfiant et émerveillé, le reflet de son Art.

Saint-Tropez

Nous sommes à la mi-juin... Je suis assise à la terrasse de l'Hôtel de La Ponche, à Saint-Tropez, à 6 heures du soir, au seuil de l'été, donc, mais sous un ciel gris, d'un gris de plomb où ne se glisse pas le moindre filet rose.

J'ai les deux pieds sur une chaise pour éviter qu'ils ne soient dans une flaque. Sur mes genoux, j'ai un livre dont j'essaye en vain de lire la même page, depuis une heure. Devant mes yeux se promènent des passants, dans cette ridicule tenue des étés pluvieux : mi-short, mi-anorak, des passants à l'expression d'enfants injustement punis ; et sur le guéridon, à ma droite, un glaçon finit de fondre dans une citronnade qui reste tiède, tiède comme la pluie qui s'est remise à tomber, qui glisse sur mes cheveux, ma joue, et m'oblige finalement à me lever pour la fuir : comme je me suis levée à Paris, il y a huit jours, de mon lit, un beau matin, ou plutôt un matin comme les autres, un matin où il pleuvait et repleuvait sans cesse, où les passants avaient l'air anxieux, déçus et effrayés, un matin où la ville était usée et le ciel ailleurs, un matin où j'ai pris la fuite, bref — comme j'en ai l'habitude —, vers la mer, vers Saint-Tropez. Seulement, pour la première fois de ma vie, les nuages ne se sont pas desserrés à Lyon, dispersés à Valence ni évanouis aux Maures. Pour la première fois de ma vie, j'ai vu en arrivant le même ciel sur le golfe que sur la capitale ; j'ai vu les mêmes reflets ferreux sur la Méditerranée que sur la Seine. Il avait plu toute la route comme il pleuvait encore maintenant ; il n'y avait pas eu de printemps ; il n'y aurait pas d'été ; et la peur, la tristesse et le cafard avaient roulé avec moi, durant mille kilomètres, à la poursuite d'un soleil disparu. Nous sommes pourtant en juin, et en 1980 : vingt ans nous séparent encore de ce fameux an 2000 que, d'après bien des Cassandres, nous n'atteindrons jamais, victimes de notre science de la matière et de notre ignorance de l'esprit. Il est bien possible que, d'erreur en erreur et de folie en folie, quelque élu tout-puissant ou quelque sous-fifre égaré ne rase cette Terre si belle et ne la flambe; et que nous mourrions d'un coup, bêtement calcinés, sans que jamais personne — même plus tard — ne puisse savoir pourquoi, ni comment, ni même par qui...

Et pourtant, je vais vous raconter la tragi-comédie qu'ont été, que sont et que seront sans doute mes relations sentimentales avec la paisible bourgade de Saint-Tropez, dans le Var, et je vais vous la raconter avec nombre d'actes, nombre de tableaux dont je suis incapable de vous donner le chiffre dès le départ, la mémoire ayant des folies et des imprévus tout autant que l'imagination. Je ne garantis pas la totale objectivité ni la totale véracité des faits qui suivent, je ne peux garantir que ma sincérité d'aujourd'hui. Et cela n'est déjà pas mal à propos d'une ville, d'un village plutôt, qui provoque chez ses amoureux, aujourd'hui encore et quel que soit leur âge, des mégalomanies du souvenir, des paranoïas du passé toujours impressionnantes par leur folle gaieté ou leur folle mélancolie. En tout cas par leur sensibilité. Saint-Tropez est une ville, un village qui déclenche une rêverie, une folie douce ou pas, quelque chose en tout cas que ne déclenche ainsi, à l'unanimité et aussitôt, nul autre endroit au monde. Voici donc ma comédie à moi.

Acte I

L'action se passe en 1954 ou 1955. La scène représente un petit port dans un matin bleu pâle. C'est le printemps. Une voiture décapotable, une vieille Jaguar X/440, couverte de poussière, vient de se garer sur le port. Au volant, un jeune homme décoiffé (mon frère) et, à ses côtés, une jeune fille décoiffée (moi-même). Les deux héros ont les yeux rouges qui papillotent dans la lumière crue. Ils ont descendu la Nationale 7 — long sentier, plein de sinuosités et mal entretenu, qui traversait les agglomérations, traînassait dans les villages, s'arrêtait devant les cafés, et dont les usagers avaient pris l'habitude de disposer à leur gré. Ils s'arrêtaient où ils voulaient, parlaient avec les serveurs — qui n'étaient pas encore nickelés et qui marchaient sans jetons —, voire s'arrêtaient froidement dans l'herbe, sous un arbre et en dehors de toute « aire de repos ». Il arrivait même qu'en se croisant sur ces chemins défoncés et à double sens, les automobilistes se tamponnassent de front. Seul intérêt de ces chemins de hasard : l'absence de tout péage.

Par miracle sortis vivants de cet anachronisme routier aujourd'hui inimaginable, les deux jeunes gens descendent de leur voiture et se dirigent vers la seule et unique agence immobilière de l'endroit. De même qu'ils iront tout à l'heure arroser leur installation dans l'unique bar du port, nommé L'Escale et tenu par la vieille Mado, un café sombre de province qui sent le bois, l'insecticide et la limonade, de même iront-ils dans l'après-midi changer leur tenue parisienne contre des vêtements de toile écrue et des espadrilles de corde dans le seul magasin de l'endroit, nommé Vachon, et dirigé par une aimable femme et sa famille (l'une des cinq familles de la ville au même titre que l'une des deux cents familles de France). Les deux personnages, dans ce premier acte et dans une succession de tableaux rapides, visitent huit ou dix maisons également vides et belles, également posées de guingois sur des rochers eux-mêmes posés en équilibre sur le seul élément stable du village : l'eau bleue, l'eau plate de son bord. Ils choisissent la villa la plus grande et la plus proche de La Ponche (port de pêcheurs, dans le dialecte local) et s'y installent. Seuls d'abord, puis vite rejoints par des amis blanchâtres, victimes de la ville, amis héroïques qui débarquent à leur tour après avoir affronté eux aussi les péripéties et les périls de la route nationale 7. Ces Parisiens égarés s'installent au bar de La Ponche et enfin reposent leurs yeux las (de cette lassitude suprême que l'on a à vingt ans), en regardant tantôt à gauche les vieilles dames du quartier tricoter de concert (c'est-à-dire, dans ce cas-là, tricoter dans le concert de leurs voix et de leur accent délicieux), tantôt à droite, au loin, la côte verte et bleue de Sainte-

Maxime et les taches blanches de ses maisons, tantôt les bateaux des pêcheurs et leurs voiles délavées — soit qu'ils partent à la chasse des poissons du golfe, « ces dorades/Du flot bleu, ces poissons d'or, ces poissons chantants... » dont parle Rimbaud, soit qu'ils en reviennent à l'aube, sur une mer décolorée — mais toujours au rythme trépidant et blasé de leur moteur à deux temps. Ce sera le seul été et le seul tableau de ma comédie tropézienne où l'on n'apercevra à gauche que des tricoteuses paisibles et, à droite, que des marins nonchalants. Ce sera le seul été où l'on verra des gens travailler. Et donc le calme régner sur la ville.

Acte II

C'est en passant à l'acte II que l'on verra au contraire les vacances, les loisirs et le farniente abattre leur implacable activité à droite comme à gauche de la maison ; que l'on verra à gauche les groupes agités et échevelés des naïades citadines courant après un maillot de bain, d'échoppe en échoppe, et à droite les hors-bord, aux cris rageurs de jeunes gens qui se précipitent, dans le plus grand désordre, avec la mince ambition d'aller s'allonger sur le sable à cinq cents mètres de là. C'est la première vertu et le premier défaut de Saint-Tropez : il inverse les rôles et enlève aux termes de la langue française leur définition première. Nous y reviendrons... Tout cela pour dire qu'il n'y eut qu'une année qui parut normale, à mes amis et à moi-même, dans la maison de La Ponche : celle où Saint-Tropez nous appartint (bien entendu), celle où nous fûmes les seuls à user et abuser de sa mer, de son sable, de sa solitude et de sa beauté, comme nous étions les seuls aussi à user et abuser de la gentillesse et de la patience étonnée de ses habitants, les seuls à faire klaxonner nos voitures à l'aube dans ses ruelles, les seuls à jouer les voyous et les voyelles devant deux gendarmes que ça faisait rire, et dans la bouche de qui le terme « fada » ne semblait pas encore une vulgaire et grossière imitation de Pagnol (ce qu'il devint la deuxième année, avant d'être rayé du vocabulaire).

Les choses se précipitèrent au deuxième acte ou dans le deuxième tableau. Déjà ma mémoire s'embrouille... Vadim vint tourner *Et Dieu créa la femme* sur le port, ou acheva de le tourner. Brigitte Bardot acheta La Madrague, s'éprit de Jean-Louis Trintignant. Alexandre Astruc décida de faire un film génial avec ma collaboration. Michel Magne écrivit des symphonies pour cors et bassons sur le vieil orgue désaccordé de notre grande maison et sur la place de La Ponche, M. et Mme Barbier ajoutèrent quelques tables dehors, au bar en bois et aux huit tabourets qui constituaient le Bar des Pêcheurs (aujourd'hui devenu l'Hôtel de La Ponche, mais où veillent les mânes d'Albert et l'humour ingénu de sa femme). Tout ce jeune monde créateur, et déchaîné, il faut bien le dire, se retrouva à la fin de l'été dans la maison de La Ponche. Le cinéaste Vadim vint y poser sa caméra, et son cœur fatigué par ce tournage ; l'acteur Christian Marquand y posa sa grande carcasse et sa nonchalance d'homme débordé, en même temps que son rire et son agitation écolière. Le film sortit très vite sur dix écrans et, à Paris, « fit un malheur », comme on dit, pour commencer, en attendant l'année suivante où il fit le nôtre.

Acte III

Le soleil de la gloire (en plus de l'autre, celui d'en haut, le rond et débonnaire astre Soleil), le soleil perçant et corrompu de la gloire, donc, pèse sur Saint-Tropez, brusquement devenu capitale des plaisirs illicites. Il faut attendre 1960, en effet, pour que le terme de « plaisir » ne soit plus automatiquement accolé au terme « illicite », et que ce dernier soit remplacé, ipso facto, par le terme « obligatoire ». Les humanoïdes français ignorant jusque-là l'amoralité, la débauche, les lois de la sexualité les plus élémentaires — que ce soit dans l'exiguïté du maillot de bain ou dans la largeur de vues —, ignorant parfois que ces deux expressions ne sont pas, elles, forcément accolables, se précipitent à Saint-Tropez — comme des pèlerins vers La Mecque et d'autres à Canossa —, en tout cas vers la « Fête » avec un grand F et des petits faits, à la suite de ces dociles moutons noirs que sont devenus les cinéastes, musiciens, acteurs, metteurs en scène et écrivains « dont nous sommes les archétypes provisoires et bronzés... » (cf. *Paris-Match* et *France-Dimanche*).

Les bipèdes symboliques — nous — commencent à sourire jaune sous leur hâle. Il leur faut, à eux aussi, faire la queue chez Vachon, et ils vont bouder chez Choses ou Mic Mac, les deux concurrents qui ont osé poser leurs hardes à leur tour, sur le port. Il leur faut, de même payer autrement qu'à prix coûtant, à Tahiti, les langoustes que Félix, l'heureux propriétaire, ne pêche plus lui-même. Saint-Tropez, bien sûr, leur appartient encore, et les commerçants, les propriétaires, devenus les exploitants des charmes de la ville, font toujours figure de parasites, de « nos parasites » plus ou moins dévoués et plus ou moins coûteux, bien sûr, mais en tout cas toujours reconnaissants de cette manne que nous leur avons apportée, tels de jeunes rois mages. Mais nous ne sommes plus seuls sur ces plages. Les jours dorés, les nuits blanches, les fous rires dans la pénombre, les poursuites dans les ruelles, les amours sans suite et les imprudences sans conséquence ne nous sont plus réservés exclusivement. Et quant à cette folle débauche dont on nous accuse, nous la voyons pratiquée par d'autres, mais sans grâce et sans ingénuité, bien entendu.

C'est la folle débauche de l'argent qui arrive très vite, ostentatoire et implacable. Bien sûr, le succès et la réussite sont encore séduisants et encore mérités par autre chose que l'avidité ou l'habileté ou l'opportunisme ; bien sûr, quand Félix, Roger et François, qui ont notre âge et pas un sou, ouvrent l'Esquinade, et en font un des noms du succès nocturne aussi évident que Tabarin ou le Tabou, ce succès est encore aléatoire et délicieux puisqu'ils sont tous trois un peu fous, fauchés, inconséquents et très charmants. Ils seront peut-être parmi les derniers de cette espèce de barmen plus proche de Fitzgerald que de Gérard de Villiers.

Oui, mais... L'argent est là déjà, au bout de deux ans : il a beau se déguiser, se déshabiller jusqu'à la ceinture, se précipiter avec le vent sous les toiles des voiliers sportifs ou les capots des Ferrari grondantes, il a beau jouer le dépravé, le sportif, l'artiste, voire l'écologiste, il n'en est pas moins reconnaissable. Il est au cœur de la ville. Il est dissimulé sous l'apparence paisible du bailli de Suffren et il veille sur tout, et il tient tout. Déjà les gendarmes ne disent plus « fada », déjà on n'achète plus le poisson à l'aube dans la cale des bateaux de pêche ; déjà — et là, à moins d'être texan —, on n'embête plus les marins imprudemment assis sur le port à leur demander « le temps qu'il fera demain, mon brave », ou si « on peut leur offrir un pastis, té ». Déjà certains de nous, le soir à la veillée, parlent de la Normandie...

Acte IV, tableaux 1, 2, 3 et 4

Les choses se sont vite dégradées pendant l'hiver... un hiver ou deux, allez savoir... Certains Tropéziens bon teint, devenus notables, puisque présentant des notes, et certains étrangers devenus honorables, puisque honorant ces notes, ont détruit le peu de gratuité nonchalante qui traînait encore dans la ville. Les doux bipèdes symboliques ayant été entraînés par les hasards de leur vie sentimentale, de leur carrière ou de leurs humeurs, à manquer un, ou deux, de ces étés paradisiaques (et dont le souvenir reste tel, encore aujourd'hui), personne ne sait qui, quand, comment cela s'est fait... Enfin si ! Cela se devine ! Cela se devine au ton de certains jeunes natifs du coin dont la fortune n'est plus aléatoire, dont le ton n'est plus le moins du monde empreint de gratitude — ce que nul bipède n'attendait, je crois —, mais pas même de complicité — à laquelle certains bipèdes avaient cru sottement et dont l'absence les déconcerte profondément et secrètement. « Que sont mes amis devenus ? — Riches », répond-on à Rutebeuf. Tandis que les déconcertent les cinquante chemisiers, les vingt hôteliers, les quarante bistros, les dix boîtes de nuit, les douze agences immobilières et les cinq antiquaires, qui ont remplacé Mado, l'Agence du Port et Vachon, Lei Mouscardins à ma droite et l'Auberge des Maures à ma gauche (deux restaurants que je n'ai pas cités au départ de cette tragi-comédie puisque Colette y déjeunait, il y a cinquante ans, pas plus que je n'ai cité l'église et la mairie)...

Bref, on ne va plus aujourd'hui à Saint-Tropez de plaisir en plaisir, de rendez-vous secret en rendez-vous secret, d'un coin de plage à un autre coin de plage, d'une chambre à l'autre, on va d'un dîner chez X à un dîner chez Y, on va du club n° 1 au club n° 2 ; on va, la nuit, de telle bande à telle bande, et on va, le jour, d'achat en achat. On ne vit plus en chasseur heureux ou proie consentante, on va de clan en clan et de récit en récit. Et comme dans une tragédie grecque, mais où un Euripide de boulevard se serait inspiré d'un Feydeau sociologue, tout « amour » n'existe que s'il est commenté, toute plage que si ses matelas sont payants et tout désir que s'il est monnayable. Saint-Tropez, à cette époque, devient un avant-Reno : les couples vont à Saint-Tropez pour se séparer, c'est-à-dire pour faire ouvertement et de façon blessante pour le conjoint ou la conjointe, ce qu'ils faisaient secrètement à Paris. Les trahisons, les ruptures s'exhibent bien plus volontiers que le bonheur. Ce n'est plus le rire qui règne dans la nuit, ni le plaisir, ni la curiosité, c'est une sorte d'exhibition permanente — et généralement fausse — de cette gaieté, de ce plaisir, de cette curiosité, une exhibition qui recouvre en fait, petit à petit, une société aussi bourgeoise, aussi enrégimentée, aussi cancanière et provinciale que peut, que pourrait l'être celle d'une ille dont les héros n'auraient plus que des droits mais aucun devoir. Ni en tout cas aucune éducation : les gens jettent leur Coca-Cola sur la plage, des billets de cent francs aux pieds des garçons, leurs verres par le balcon, tous ces projectiles représentent leur bonnet jeté par-dessus des moulins. Des Allemands, des Américains, des Italiens et d'autres croient s'acheter du charme en lançant leurs dollars, leurs marks et leurs lires sur le tapis bleu de la Méditerranée ; une Méditerranée où les poissons meurent à force d'essence, où les plages sont sales au premier équinoxe, et où se promener à pied, la nuit, sur le sable, exige la compagnie d'une boîte de Tricostéril. Sombre tableau, bien sûr, mais c'est ainsi que le voient les bipèdes dont je fais partie nommément et qui, comme moi-même, ont déserté la ville rose et jaune qui leur appartenait. Ces bipèdes qui, à présent, disent pis que pendre (comme moi en ce moment) du Saint-Tropez tant aimé, ou tirent de leur mémoire, comme des lapins d'un chapeau, les souvenirs éclatants et nostalgiques d'une jeunesse, « la leur », qu'ils estiment différente et supérieure, visiblement, à celle qui les suit. Le conflit de générations entre touristes qui sévit maintenant dans ce village babélien a des formes comiques. Et quand, dans certains récits épiques et mille fois entendus, se glisse le souvenir d'un vieux beau qui était la cible de nos cruautés d'enfants, l'on voit plus d'un de nos bipèdes quadragénaires sarcastiques d'aujourd'hui resserrer son foulard anglais dans sa chemise de coutil au prix exorbitant, achetée chez Saks à New York, tout en dressant un torse, des rides et des tics que sa mémoire prêtait à un autre, l'instant d'avant. Et le regard des femmes de quarante ou cinquante ans sur « ces jeunes minettes dépoitraillées... sans classe... qui ne savent pas s'amuser... les pauvres... qui n'ont plus de goût à rien... » et dont elles se demandent, avec toute leur expérience, si elles éprouvent du plaisir à faire l'amour, ne manque pas forcément de saveur dans sa maternelle anxiété.

*

Là pourrait finir mon récit : Acte IV, tableau 5, 1999. Les mêmes bipèdes blanchis et pansus regardent avec sarcasme leurs enfants de quarante-cinq ans dauber sur leurs petits-enfants de vingt ans et ils leur assurent en ricanant que « Oui, oui-oui-oui, les jeunes de maintenant s'amusent bien et ne sont pas frigides » (cela par pure méchanceté de vieillard, bien entendu).

Mais ce serait une fin fausse et tristement sordide à ce que fut, ce qu'est, ce que sera Saint-Tropez. Le temps passe, la mémoire ne bouge pas, Dieu merci. De même que, il y a vingt siècles, un Romain quadragénaire venu sur son char jusqu'à Ostie se désolait sur la plage, ou quelques centaines de kilomètres plus loin une femme grecque trompée par son mari, de même nous désolons-nous au bord de cette eau bleue, de n'être pas immortels et que la jeunesse soit si provisoire. Ce Romain ou cette Grecque imaginaient-ils que cette mer pût continuer à battre ce sable tiède où s'enfonçait la peau de leurs pieds, et que ce soleil pût tourner et allonger les ombres des arbres ou des maisons sur le sol, dès l'instant que leur regard ne s'y poserait plus, que leur respiration ne rythmerait plus le bruit de leur cœur ? Cette mer, ce soleil, cette odeur de pin, de sel et d'iode ne leur inspiraient-ils pas une sorte de plaisir délicieux et étrange à l'idée, justement, que tout ça leur survivrait ?

Aujourd'hui, ce quadragénaire venu en Aston Martin, ou en car, ou en caravane, pour s'installer autour de cette eau bleue avec la même frénésie que les chercheurs d'or du Klondike autour de leurs mines, et ces touristes de tout pays souffrent du même mal merveilleux : l'admiration. Saint-Tropez est beau, étonnamment beau. Il a une beauté indestructible — surtout pour nous, les bipèdes de la Nationale 7, ses ex-propriétaires —, que ce soit au printemps, à l'automne ou en hiver, pendant ces trêves où nous revenons le constater chaque fois,

avec étonnement et un plaisir presque sans rancune.

Il y a les vents d'abord, ces trois ou quatre
vents qui tombent sur la presqu'île, qui la
balaient, la nettoient et qui projettent ensuite
cet air si léger, si fou et si gai qu'en deux jours
on se sent changé et remis d'aplomb. Il y a ce
soleil jaune et paisible, ce soleil aimable qui
luit là souvent, tandis qu'il pleut à Cannes et à
Monte-Carlo. Il y a cette côte rousse, avec ses
échancrures compliquées et tout à coup ses
plages lisses, cette côte qui ressemble à certaines tragédies de Racine où l'on piétine dans les
dialogues, où l'on s'accroche avant de s'allonger
sous la douceur d'une tirade. Il y a « la folle mer
qui brise au bord ses coupes », comme dit
Cocteau, et qui, plus qu'ailleurs, est mousseuse,
imprévue et fraîche. Il y a la campagne, la vraie
campagne cachée derrière Saint-Tropez et qui
est verte, contrairement au reste des Maures,
contrairement à cette campagne pelée, rocail-
leuse, cette campagne pauvre et surchauffée.
Car tout de suite après la plage, à Saint-Tropez,

il y a des champs, une herbe verte et vivace, des bois, des chênes-lièges, des collines qui ressemblent à celles d'Ile-de-France, de l'eau, des arbres, une odeur de bois mort à l'automne et de champignons. Il y a encore des chemins que l'on prend après Pampelonne et dont on ignore où ils mènent.

Mais qu'on le voie de la mer ou d'en haut, de cette citadelle où nul ne va jamais, Saint-Tropez présente ses maisons étroites et pointues, parfois penchées mais toutes attendrissantes, ces maisons jaunes, rouges et bleues ou grises, dévorées par le soleil et le vent, avec ces toits aux mille pétales de tuile d'un rose usé et doux à l'œil, serrées autour d'un clocher qui déraille et sonne n'importe quand des quarts d'heure dont personne ne se préoccupe. Quelques linges y pendent, bien sûr, comme en Italie, et quelques terrasses y sont trop soignées, et quelques plantes vertes inutiles. Mais les murs des maisons sont faits de pierres, accumulées et solides, que tous les crépis nouveaux — apposés à prix d'or sur les anciens — ne suffisent pas à faire taire.

Toutes les maisons prennent le soleil le jour, comme des chats ou comme de gros chiens. Elles ont un visage confiant — même si leurs ouvertures sont étroites — et aussi des ventres ronds. Et toutes les maisons, la nuit, s'amusent à vous voir passer. Elles ont une porte qui bat, qui s'ouvre pour vous attirer, et une fenêtre allumée toujours pour vous dire où vous êtes. Les ruelles s'entrecroisent, se chamaillent, se réconcilient sur une place où un arbre tordu fait le beau. Les ruelles résonnent des cris de corsaires ou des cris de fêtards et, pour nous autres, de nos cris à nous, d'il y a vingt ans. Et l'on peut marcher des heures à Saint-Tropez, la nuit et le jour ; de la place des Lices au port ; d'un bistro à l'autre ; ou, plus tard, d'une boulangerie réveillée avec l'aube à une autre boulangerie ; d'une mer blanche à une mer qui bleuit peu à peu sous le petit cimetière... le petit cimetière où tout le monde veut être enfoui un jour, pour voir passer les bateaux et pour que le soleil y chauffe ses os disjoints.

Acte V

Eté 1980. Fin. Le rideau est tombé sur une tragi-comédie tropézienne. J'ai dormi trois quarts d'heure, j'ai rêvé vingt-cinq ans. Je me suis réveillée dans une chambre obscure d'abord, et j'ai fermé les yeux aussitôt, cherchant instinctivement un bruit que je n'entendais plus et qui me manquait presque. J'ai fini par comprendre qu'il ne pleuvait plus et que cette chose blonde et pointue qui striait le mur, en face de moi, était le rayon de cet astre fameux, nommé Soleil. Je me suis levée de mon lit, j'ai ouvert les volets, et la mer et le ciel m'ont jeté au visage le même bleu, le même rose, le même bonheur. Et les mêmes lasers du soleil ont transpercé tout ça d'un jet, ont encerclé ces pastels d'un trait noir et dessiné interminablement, voluptueusement les arêtes des toits, la courbe de la plage, les épis des mâts. Nous sommes en 1980 et je ne sais pas si nous arriverons à l'an 2000 sans que quelque avion têtu et aveugle, son équipage sourd à tout ordre de rappel (ou quelque fusée inconsciente et monstrueuse comme les dinosaures sans pitié des premiers temps), ne se dirige vers nous, notre mort fulgurante et cendreuse dans ses flancs.

Ce n'est pas que ce soit si important : le soleil est là, dans la paume de ma main, et je tends machinalement cette paume vers lui, mais sans la refermer. Pas plus qu'on ne doit essayer de garder le temps et l'amour, on ne doit tenter de garder ni le soleil ni la vie. Je descends vers des gens qui rient, des gens qui oublient, des gens prêts à repartir vers un ailleurs, un n'importe où, mais un ailleurs qui ressemblerait à ici, ou qui tenterait d'y ressembler, et qui n'y arriverait jamais tout à fait.

Lettre d'amour à Jean-Paul Sartre

Cher Monsieur,

Je vous dis « cher Monsieur » en pensant à l'interprétation enfantine de ce mot dans le dictionnaire : « un homme quel qu'il soit ». Je ne vais pas vous dire « cher Jean-Paul Sartre », c'est trop journalistique, ni « cher Maître », c'est tout ce que vous détestez, ni « cher confrère », c'est trop écrasant. Il y a des années que je voulais vous écrire cette lettre, presque trente ans, en fait, depuis que j'ai commencé à vous lire, et dix ans ou douze ans surtout, depuis que l'admiration à force de ridicule est devenue assez rare pour que l'on se félicite presque du ridicule. Peut-être moi-même ai-je assez vieilli ou assez rajeuni pour me moquer aujourd'hui de ce ridicule dont vous ne vous êtes, toujours superbement, jamais soucié vous-même.

Seulement, je voulais que vous receviez cette lettre le 21 juin, jour faste pour la France qui vit naître, à quelques lustres d'intervalle, vous, moi, et plus récemment Platini, trois excellentes personnes portées en triomphe ou piétinées sauvagement — vous et moi uniquement au figuré, Dieu merci — pour des excès d'honneur ou des indignités qu'elles ne s'expliquent pas. Mais les étés sont courts, agités et se fanent. J'ai fini par renoncer à cette ode d'anniversaire, et pourtant il fallait bien que je vous dise ce que je vais vous dire et qui justifie ce titre sentimental.

En 1950, donc, j'ai commencé à tout lire, et depuis, Dieu ou la littérature savent combien j'ai aimé ou admiré d'écrivains, notamment parmi les écrivains vivants, de France ou d'ailleurs. Depuis, j'en ai connu certains, j'ai suivi la carrière des autres aussi, et s'il en reste encore beaucoup que j'admire en tant qu'écrivains, vous êtes bien le seul que je continue à admirer en tant qu'homme. Tout ce que vous m'aviez promis à l'âge de mes quinze ans, âge intelligent et sévère, âge sans ambitions précises donc sans concessions, toutes ces promesses, vous les avez tenues. Vous avez écrit les livres les plus intelligents et les plus honnêtes de votre génération, vous avez même écrit le livre le plus éclatant de talent de la littérature française : *Les Mots*. Dans le même temps, vous vous êtes toujours jeté, tête baissée, au secours des faibles et des humiliés, vous avez cru en des gens, des causes, des généralités, vous vous êtes trompé parfois, ça, comme tout le monde, mais (et là contrairement à tout le monde) vous l'avez reconnu chaque fois. Vous avez refusé obstinément tous les lauriers moraux et tous les revenus matériels de votre gloire, vous avez refusé le pourtant prétendu honorable Nobel alors que vous manquiez de tout, vous avez été plastiqué trois fois lors de la guerre d'Algérie, jeté à la rue sans même sourciller, vous avez imposé aux directeurs de théâtre des femmes qui vous plaisaient pour des rôles qui n'étaient pas forcément les leurs, prouvant ainsi avec faste que, pour vous, l'amour pouvait être au contraire « le deuil éclatant de la gloire ». Bref, vous avez aimé,

183

écrit, partagé, donné tout ce que vous aviez à donner et qui était l'important, en même temps que vous refusiez tout ce que l'on vous offrait et qui était l'importance. Vous avez été un homme autant qu'un écrivain, vous n'avez jamais prétendu que le talent du second justifiait les faiblesses du premier ni que le bonheur de créer seul autorisait à mépriser ou à négliger ses proches, ni les autres, tous les autres. Vous n'avez même pas soutenu que se tromper avec talent et bonne foi légitimait l'erreur. En fait, vous ne vous êtes pas réfugié derrière cette fragilité fameuse de l'écrivain, cette arme à double tranchant qu'est son talent, vous ne vous êtes jamais conduit en Narcisse, pourtant un des trois seuls rôles réservés aux écrivains de notre époque avec ceux de petit maître et de grand valet. Au contraire, cette arme supposée à double tranchant, loin de vous y empaler avec délices et clameur comme beaucoup, vous avez prétendu qu'elle vous était légère à la main, qu'elle était efficace, qu'elle était agile, que vous l'aimiez, et vous vous en êtes servi, vous l'avez mise à la disposition des victimes, des vrais à vos yeux, celles qui ne savent ni écrire, ni s'expliquer, ni se battre, ni même parfois se plaindre.

En ne criant pas après la justice parce que vous ne vouliez pas juger, ne parlant pas d'honneur, parce que vous ne vouliez pas être honoré, n'évoquant même pas la générosité parce que vous ignoriez que vous étiez, vous, la générosité même, vous avez été le seul homme de justice, d'honneur et de générosité de notre époque, travaillant sans cesse, donnant tout aux autres, vivant sans luxe comme sans austérité, sans tabou et sans fiesta sauf celle fracassante de l'écriture, faisant l'amour et le donnant, séduisant mais tout prêt à être séduit, dépassant vos amis de tous bords, les brûlant de vitesse et d'intelligence et d'éclat, mais vous retournant sans cesse vers eux pour le leur cacher. Vous avez préféré souvent être utilisé, être joué, à être indifférent, et aussi, souvent être déçu à ne pas espérer. Quelle vie exemplaire pour un homme qui n'a jamais voulu être un exemple !

Vous voici privé de vos yeux, incapable d'écrire, dit-on, et sûrement aussi malheureux parfois qu'on puisse l'être. Peut-être alors cela vous fera-t-il plaisir ou plus de savoir que partout où j'ai été depuis vingt ans, au Japon, en Amérique, en Norvège, en province ou à Paris, j'ai vu des hommes et des femmes de tout âge parler de vous avec cette admiration, cette confiance et cette même gratitude que celle que vous confie ici.

Ce siècle s'est avéré fou, inhumain, et pourri. Vous étiez, êtes resté, intelligent, tendre et incorruptible.

Que grâces vous en soient rendues.

*

J'écrivis cette lettre en 1980 et la fis publier dans *L'Egoïste*, le bel et capricieux journal de Nicole Wisnieck. Bien entendu, j'en demandai d'abord la permission à Sartre, par personne interposée. Nous ne nous étions pas vus depuis près de vingt ans. Et même alors, nous n'avions partagé que quelques repas avec Simone de Beauvoir et mon premier mari, repas vaguement contraints ; quelques cocasses rencontres dans des mauvais lieux délicieux de l'après-midi, où Sartre et moi faisions semblant de ne pas nous voir ; et un déjeuner avec un charmant industriel vaguement entiché de moi et qui lui proposa de diriger une revue de gauche que lui-même financerait avec joie (mais ledit industriel étant parti changer son disque de stationnement entre le fromage et le café, Sartre en fut découragé et amusé jusqu'au fou rire ; de toute manière, de Gaulle arriva peu à peu et ce fut la conclusion définitive de cet irréalisable projet).

Après ces quelques contacts brefs, nous ne nous étions pas vus depuis vingt ans et tout le temps, je voulais lui dire, tout le temps, ce que je lui devais.

Sartre, aveugle, se fit donc lire cette lettre et demanda à me voir, à dîner avec moi en tête à tête. J'allai le chercher boulevard Edgar-Quinet où je ne passe plus jamais maintenant sans un serrement de cœur. Nous allâmes à La Closerie des Lilas. Je le tenais par la main pour qu'il ne tombe pas, et je bégayais d'intimidation. Nous formions, je crois, le plus curieux duo des lettres françaises, et les maîtres d'hôtel voletaient devant nous comme des corbeaux effrayés.

C'était un an avant sa mort. C'était le premier d'une longue série de dîners, mais je ne savais rien de tout cela. Je croyais qu'il ne m'invitait que par gentillesse et je croyais aussi qu'il mourrait après moi.

Nous dinâmes ensemble presque tous les dix jours ensuite. J'allais le chercher, il était tout prêt dans l'entrée, avec son duffle-coat, et nous filions comme des voleurs, quelle que fût la compagnie. Je dois avouer que, contrairement aux récits de ses proches, aux souvenirs qu'ils ont de ses derniers mois, je n'ai jamais été horrifiée ni accablée par sa manière de se nourrir. Tout zigzaguait un peu, bien sûr, sur sa fourchette, mais c'était là le fait d'un aveugle, non d'un gâteux. J'en veux beaucoup à ceux qui, dans des articles ou des livres, se sont plaints, désolés et méprisants, de ces repas. Ils auraient dû fermer les yeux si leur vue était si délicate et l'écouter. Ecouter cette voix gaie, courageuse et virile, entendre la liberté de ses propos.

Ce qu'il aimait entre nous, me disait-il, c'est que nous ne parlions jamais des autres et de nos relations communes : nous nous parlions, disait-il, comme des voyageurs sur un quai de gare... Il me manque. J'aimais le tenir par la main et qu'il me tînt par l'esprit. J'aimais faire ce qu'il me disait, je me fichais de ses maladresses d'aveugle, j'admirais qu'il ait pu survivre à sa passion de la littérature. J'aimais prendre son ascenseur, le promener en voiture, couper sa viande, tenter d'égayer nos deux ou trois heures, lui faire du thé, lui porter du scotch en cachette, entendre de la musique avec lui, et j'aimais plus que tout l'écouter. J'avais beaucoup de peine à le laisser devant sa porte, debout, quand je partais, les yeux dans ma direction et l'air navré. J'avais chaque fois l'impression, malgré nos rendez-vous précis et prochains, que nous

ne nous reverrions pas ; qu'il en aurait assez de
« l'espiègle Lili » — c'était moi — et de mes
bafouillages. J'avais peur qu'il nous arrivât
quelque chose, à l'un ou à l'autre. Et bien sûr, la
dernière fois que je le vis, lui à la dernière porte
attendant avec moi le dernier ascenseur, j'étais
plus rassurée. Je pensais qu'il tenait un peu à
moi, je ne pensais pas qu'il lui faudrait bientôt
tenir tant à la vie.

Je me souviens de ces étranges dîners, gastro-
nomiques ou pas, que nous faisions dans les
restaurants discrets du XIVe arrondissement.
« Vous savez, on m'a lu votre " lettre d'amour "
une fois, m'avait-il dit au tout début, ça m'a
beaucoup plu. Mais comment demander qu'on
me la relise pour que je me délecte de tous vos
compliments ? J'aurais l'air d'un paranoïa-
que ! » Alors, je lui avais enregistré ma propre
déclaration — il m'avait fallu six heures tant je
bégayais — et j'avais collé un sparadrap sur la
cassette pour qu'il la reconnaisse au toucher. Il
prétendit ensuite l'écouter parfois, ses soirs de
dépression, tout seul — mais c'était sans aucun

doute pour me faire plaisir. Il disait aussi :
« Vous commencez à me couper des morceaux
de steak beaucoup trop gros. Est-ce que le
respect se perd ? » Et comme je m'affairais sur
son assiette, il se mettait à rire. « Vous êtes
quelqu'un de très gentil, non ? C'est bon signe.
Les gens intelligents sont toujours gentils. Je
n'ai connu qu'un type intelligent et méchant,
mais il était pédéraste et il vivait dans le
désert. » Il en avait assez aussi des hommes, de
ces anciens jeunes hommes, de ces garçons, de
ces anciens garçons qui le réclamaient comme
père, lui qui n'aimait et n'avait jamais aimé que
la compagnie des femmes, « Ah, mais ils me
fatiguent ! disait-il ; c'est ma faute, Hiro-
shima..., c'est ma faute, Staline, c'est ma faute
leur prétention, c'est ma faute leur bêtise... » Et
il riait de tous les détours de ces faux orphelins
intellectuels qui le voulaient pour père. Père,
Sartre ? Quelle idée ! Mari, Sartre ? Non plus !
Amant, peut-être. Cette aisance, cette chaleur
que même aveugle et à demi paralysé il mon-
trait envers une femme était révélatrice. « Vous
savez, quand il m'est arrivé cette cécité et que
j'ai compris que je ne pourrais plus écrire

(j'écrivais alors dix heures par jour depuis cinquante ans, et c'étaient les meilleurs moments de ma vie), quand j'ai compris que c'était fini pour moi, j'ai été très frappé et j'ai même pensé à me tuer. »

Et comme je ne disais rien et qu'il me sentait terrifiée à l'idée de son martyre, il ajouta : « Et puis je n'ai même pas essayé. Voyez-vous, j'ai toute ma vie été si heureux, j'ai été, j'étais jusque-là un homme, un personnage tellement fait pour le bonheur ; je n'allais pas changer de rôle tout à coup. J'ai continué à être heureux, par habitude. » Et moi, quand il disait ça, j'entendais aussi ce qu'il ne disait pas : pour ne pas détruire, ne pas désoler les miens, les miennes. Et surtout ces femmes qui lui téléphonaient à minuit parfois quand nous rentrions de nos dîners, ou dans l'après-midi quand nous prenions le thé et que l'on sentait si exigeantes, si possessives, si dépendantes de cet homme infirme, aveugle, et dépossédé de son métier d'écrire. Ces femmes qui, par leur démesure même, lui restituaient la vie, sa vie de jusqu'alors, sa vie d'homme à femmes, coureur, menteur, compatissant ou comédien.

Puis il partit en vacances, cette dernière année, des vacances partagées entre trois femmes et trois mois, qu'il affrontait avec une gentillesse et un fatalisme sans faille. Tout l'été, je le crus un peu perdu pour moi. Puis il revint et nous nous revîmes. Et cette fois j'étais, je le pensais, « pour toujours », à présent : pour toujours ma voiture, son ascenseur, le thé, les cassettes, cette voix amusée, parfois tendre, cette voix sûre. Mais un autre « pour toujours » était déjà prêt, hélas, pour lui seul.

J'allai à son enterrement sans y croire. C'était pourtant un bel enterrement, avec des milliers de gens disparates qui l'aimaient aussi, le respectaient, et qui l'accompagnèrent sur des kilomètres jusqu'à sa terre dernière. Des gens qui n'avaient pas eu la malchance de le connaître et de le voir toute une année, qui n'avaient pas cinquante clichés déchirants de lui dans la tête, des gens à qui il ne manquerait pas tous les dix jours, tous les jours, des gens que j'enviais, tout en les plaignant.

Et si, par la suite, je me suis indignée bien sûr de ces récits honteux d'un Sartre gâteux, faits par quelques personnes de son entourage, si j'ai arrêté de lire certains souvenirs sur lui, je n'ai pas oublié sa voix, son rire, son intelligence, son courage et sa bonté. Je ne me remettrai jamais, je le crois vraiment, de sa mort. Car que faire, parfois ? Que penser ? Il n'y avait plus que cet homme foudroyé qui puisse me le dire, il n'y avait que lui que je puisse croire. Sartre est né le 21 juin 1905, moi le 21 juin 1935, mais je ne pense pas — je n'en ai pas envie d'ailleurs —, je ne pense pas que je passerai encore trente ans sans lui sur cette planète.

Lectures

Dans l'ordre des souvenirs, l'amour de la littérature a une grande supériorité sur l'amour tout court, l'amour humain. C'est que si l'on ne se rappelle pas forcément où et quand on a rencontré « l'autre », si on ne sait pas forcément quel effet « il » vous fit ce jour-là — et si on a même plutôt tendance souvent à s'extasier de ce que, ce soir-là, on ne comprit pas tout de suite que l'autre, c'était justement « lui » —, la littérature en revanche offre à notre mémoire des coups de foudre autrement fracassants, précis et définitifs. Je sais très bien où j'ai lu, où j'ai découvert les grands livres de ma vie ; et les paysages extérieurs de ma vie alors sont là, inextricablement liés à mes paysages internes qui sont généralement ceux de l'adolescence.

J'ai rempli, je l'avoue, dans ce domaine, le parcours du combattant le plus classique qui soit : *Les Nourritures terrestres* à treize ans, *L'Homme révolté* à quatorze, les *Illuminations* à seize. Je m'envolai sur les mêmes haies au-dessus desquelles les esprits adolescents s'envolent depuis des lustres ; et c'est pourquoi je cite d'abord ces livres qui furent surtout une découverte de moi-même, moi-même lecteur, bien sûr, mais surtout moi-même existant — bien plus qu'une découverte de l'auteur —, ces livres où je cherchais une morale qui séduisît la mienne, une pensée qui précédât la mienne, grâce à ce furieux état d'admiration et de narcissisme mêlés où nous amènent certains livres, lus à l'âge qui les réclame. Ce n'est que plus tard, bien plus tard, que j'abandonnai ce rôle noble et mélodramatique de lecteur privilégié que je croyais être le mien, et ce n'est que plus tard que je découvris la littérature et ses vrais héros : les écrivains. Ce n'est que plus tard, bref, que je m'intéressais plus au destin de Julien Sorel qu'au mien propre. De même, me fallut-il longtemps, dans mes rapports sentimentaux, pour chercher dans l'œil de l'autre sa vraie nature et non un reflet embelli de moi-même.

Les Nourritures terrestres fut la première de ces bibles écrites de toute évidence pour moi, presque par moi, le premier livre qui m'indiquât ce que j'étais profondément et ce que je voulais être : ce qu'il m'était possible d'être. Gide est un auteur, un parrain dont l'on ne se réclame plus très volontiers à présent, et il y a peut-être un certain ridicule à citer les *Nourritures* comme son premier bréviaire. En revanche, je sais très exactement dans quelle odeur d'acacias je découvris ses premières phrases, ses premiers ordres adressés à Nathanaël. Nous habitions le Dauphiné. Il avait beaucoup plu cet été-là et je m'y étais considérablement ennuyée, d'un de ces ennuis lyriques comme seuls peuvent en avoir les enfants derrière les vitres ruisselantes d'une maison de campagne. Ce fut le premier jour de beau temps, après toutes ces ondées, que je partis par ce chemin bordé d'acacias, mon livre sous le bras. Il y avait un peuplier immense à l'époque dans cette campagne (où, bien entendu, je suis revenue depuis et où, bien entendu, le peuplier avait été coupé et remplacé par des lotissements, et où, bien entendu, j'eus le cœur brisé selon toutes les règles de notre époque). Toujours est-il que c'est à l'ombre de ce peuplier que je découvris, grâce à Gide, que la vie m'était offerte dans sa plénitude et ses extrêmes — ce que j'aurais dû soupçonner de moi-même, d'ailleurs, depuis ma naissance. Cette découverte me transporta. Les milliers de feuilles de peuplier, petites et serrées, d'un vert clair, tremblaient au-dessus de ma tête, très haut, et chacune d'elles me semblait un bonheur supplémentaire à venir, un bonheur formellement promis à présent par la grâce de la littérature. Avant d'arriver au faîte de l'arbre et de cueillir ses derniers violents moments de plaisir, j'avais tous ces millions de feuilles à arracher les unes après les autres au calendrier de mon existence. Comme je n'imaginais pas qu'on puisse vieillir, ni encore moins mûrir, c'étaient autant de plaisirs enfantins et romanesques qui s'accumulaient au-dessus de moi : des chevaux, des visages, des voitures, la gloire, des livres, des regards admiratifs, la mer, des bateaux, des baisers, des avions dans la nuit, que sais-je, tout ce que l'imagination à la fois barbare et sentimentale d'une adolescente de treize ans peut accumuler d'un coup. J'ai relu Gide par hasard l'autre année et si j'ai de nouveau cru sentir l'odeur de l'acacia et voir le peuplier, j'ai simplement pensé, presque distraitement, que c'était quand même fort bien écrit. La foudre, elle aussi, peut se tromper en distribuant ses coups.

Tout de suite après Gide, vint Camus et *L'Homme révolté*. J'avais perdu Dieu depuis peu, depuis deux ou trois mois, et j'en gardais une stupide et craintive fierté. J'avais perdu Dieu à Lourdes où l'on m'avait emmenée par hasard, où j'avais par hasard aussi assisté à une bénédiction matinale. Ayant vu près de moi sangloter une fille de mon âge sur un grabat, semblait-il, définitif, j'avais eu un sentiment de répulsion pour le Dieu tout-puissant qui permettait cela et je l'avais, dans un grand mouvement d'indignation et de courroux, rejeté noblement de mon existence — une existence, à cette époque, moitié passée dans des pensions religieuses. Cette crise métaphysique m'avait coupé l'appétit durant le déjeuner et apporté, le soir, dans ma chambre d'hôtel, de sombres rêveries : la perspective d'une terre sans Dieu, d'un monde sans justice, sans pitié et sans grâce, le monde où je devrais vivre à présent (et dont je n'ai encore pas pleinement réalisé l'horreur, malgré les démonstrations incessantes qui m'en sont faites). J'avais traîné deux mois comme une convalescente cet abandon irréparable d'un Dieu tout-puissant, cette disparition surtout d'un « parce que » à toutes les questions possibles. Aussi fus-je bien soulagée de découvrir *L'Homme révolté* et la voix rassurante de Camus, épiloguant lui aussi sur cette lourde absence. A défaut de Dieu, il y avait « l'Homme », me disait ce doux rêveur, « et l'un remplaçait l'autre ». L'un était la réponse à toutes les questions posées par l'incurie de l'autre.

Nous étions en février, je crois ; cela se passait à la montagne et j'avais été renvoyée du cours de géographie, selon un rituel immuable depuis trois mois dans cette pension. J'avais pris mes skis pour grimper les flancs — alors vierges de tout téléphérique, tout télé-siège, toute pizzeria (nouveau chant plaintif, ici, sur l'époque actuelle), les flancs, donc, de Villars-de-Lans. J'étais assise sur mon anorak, en chemisier parce qu'il faisait très chaud malgré des bouf-fées de vent léger qui faisaient déraper la neige autour de moi, la chassaient comme de la poudre au fond de la combe vers les sapins du bas où elle s'accumulait, et où je savais que j'irais sans doute atterrir, la tête en avant, une demi-heure plus tard. Mais j'étais bien ; j'avais les jambes et les bras, le dos fatigués par le ski, je respirais lentement, je sentais le soleil me sécher les cheveux et la peau : je me sentais maîtresse de mon corps, de mes skis, de ma vie, je me sentais maîtresse du monde, idéalement seule, debout sous un ciel bleu et éclatant et dont il m'était prodigieusement égal qu'il fût vide. Les êtres humains, leur esprit, leurs contradictions, leur chaleur, leur cœur, leurs nerfs, leurs affres, leurs désirs, leurs défaillances, leur volonté et leurs passions, tout cela m'attendait plus bas, un peu plus loin, un peu plus tard puisque je n'avais que quatorze ans, et qu'avant de mordre dans ce siècle et d'y mettre le pied, il me fallait encore deux années ou trois, deux années miraculeuses à ne rien faire, sinon à simuler des études, sinon à lire, à comprendre, à deviner, à attendre un miraculeux avenir. Qu'est-ce que Dieu aurait bien pu faire de plus pour moi ? me demandais-je avec dérision.

Et que pouvait-il faire d'ailleurs contre moi puisque j'étais là, le cœur battant, le sang chaud, le corps vif, et que cette pente s'étalait blanche et glissante sous mes pieds, à la merci d'une simple poussée de mes chevilles. Et que même si je tombais en route, il y aurait des hommes venus des pays chauds, des hommes au cœur chaud, en tout cas, des amis, des humains comme ce Camus semblait en être un, protecteur et juste, croyant en l'homme et en sa nature, voyant un sens à notre existence et prêt à me le rappeler si par hasard il m'arrivait de l'oublier. Ce n'était pas tellement en l'être humain que je croyais en cet instant précis, je dois bien me l'avouer, mais en un homme nommé Camus qui écrivait bien, et dont la photo sur la jaquette offrait un visage mâle et séduisant. Peut-être la non-existence de Dieu m'eût-elle plus inquiétée si Camus avait été chauve. Mais non : j'ai relu *L'Homme révolté* depuis, et j'ai trouvé que la foudre avait été plus juste cette fois-là. Car il est vrai que Camus écrivait bien et qu'il semblait avoir confiance vraiment en la nature humaine.

Le troisième de « mes » livres fut le plus éloigné et le plus proche à la fois. Le plus éloigné parce que je n'y trouvais nulle pâture à ma quête narcissique, nul mode d'emploi, nulle exhortation et même nul exemple. Ce fut aussi le plus proche parce que j'y découvris les mots l'usage que l'on peut en faire et leur pouvoir absolu. Je n'avais lu de Rimbaud jusque-là, comme tous les écoliers français, que *Le Dormeur du val* et les premières strophes du *Bateau ivre*. Mais ce matin-là, n'ayant presque pas ou pas dormi de la nuit à force de lecture — inaugurant ainsi un peu tôt le long cycle de mes nuits blanches —, ce matin-là, je m'étais levée en titubant de fatigue dans la maison louée par mes parents à Hendaye pour les vacances. J'étais allée à la plage déserte à huit heures, une plage encore grise sous ses nuages basques, filant bas et serrés sur la mer comme une formation de bombardiers. Et j'avais dû m'installer sous « notre » tente et garder un chandail sur mon maillot de bain, le temps n'étant pas un temps de juillet ce matin-là. J'ignore donc pourquoi j'avais pris ce Rimbaud avec moi ; j'avais dû avoir une idée de moi-même ainsi : « Jeune fille allant lire des poèmes à l'aube sur une plage », une idée qui convenait à mon imaginaire — et nul n'ignore combien les imaginaires guident les pas et les attitudes de cet être si malheureux et si triomphal, si perpétuellement humilié et si follement orgueilleux que pouvait l'être quelqu'un de quinze ans à l'époque, et qu'il peut toujours être aujourd'hui, on ne me fera pas croire le contraire. Bref, à plat ventre sur une serviette éponge, la tête sous la tente et les jambes recroquevillées sur le sable froid, j'ouvris au hasard ce livre blanc sur papier fort, nommé *Illuminations*. Je fus foudroyée instantanément.

J'ai embrassé l'aube d'été.

Rien ne bougeait encore au front des palais.
L'eau était morte. Les camps d'ombre ne quit-
taient pas la route du bois. J'ai marché, réveillant
les haleines vives et tièdes, et les pierreries regar-
dèrent, et les ailes se levèrent sans bruit.

Ah ! il m'était égal tout à coup que Dieu
n'existât plus et que les hommes fussent des
êtres humains ou même que quiconque m'aimât
un jour ! Les mots se levaient des pages et
cognaient à mon toit de toile avec le vent ; ils me
retombaient dessus, les images succédaient aux
images, la splendeur à la fureur :

En haut de la route, près d'un bois de lauriers,
je l'ai entourée avec ses voiles amassés, et j'ai
senti un peu son immense corps. L'aube et l'en-
fant tombèrent au bas du bois.
Au réveil il était midi.

Quelqu'un avait écrit cela, quelqu'un avait eu
le génie, le bonheur d'écrire cela, cela qui était
la beauté sur la terre, qui était la preuve par

neuf, la démonstration finale de ce que je soupçonnais depuis mon premier livre non illustré, à savoir que la littérature était tout. Qu'elle était tout en soi, et que même si quelque aveugle, égaré dans les affaires ou les autres beaux-arts, l'ignorait encore, moi du moins, à présent, je le savais. Elle était tout : la plus, la pire, la fatale, et il n'y avait rien d'autre à faire, une fois qu'on le savait, rien d'autre que de se colleter avec elle et avec les mots, ses esclaves et nos maîtres. Il fallait courir avec elle, se hisser vers elle et cela à n'importe quelle hauteur : et cela, même après avoir lu ce que je venais de lire, que je ne pourrais jamais écrire mais qui m'obligeait, de par sa beauté même, à courir dans le même sens.

Et qu'importait d'ailleurs toute hiérarchie ! Comme s'il ne fallait pour éteindre le feu, quand une maison flambe, que les plus agiles, les plus rapides, comme si toutes les mains n'étaient pas utiles dans un incendie pour y apporter l'eau ; comme s'il importait que je me fisse, dès le départ, doubler au galop par le poète Rimbaud... La littérature m'a toujours, depuis les *Illuminations*, donné cette impression qu'il y avait un incendie quelque part, partout, et qu'il me fallait l'éteindre. Et c'est sans doute pourquoi, même vis-à-vis des plus calculés, des plus médiocres, des plus cyniques, des plus vulgaires, des plus sots et des plus habiles écrivains, vifs ou morts, je n'ai jamais pu éprouver un mépris complet. Je sais qu'ils ont entendu ce tocsin un jour et que, de temps en temps, malgré eux, ils courent désespérément vers le feu et qu'ils s'y brûlent en titubant autour aussi gravement que ceux que s'y jettent. Bref, je découvris ce matin-là ce que j'aimais et allais aimer par-dessus tout pour le reste de mon existence.

Après ces trois découvertes que l'absence de tout sens du ridicule pourrait qualifier de morale, de métaphysique et d'esthétique, il y eut enfin la découverte des écrivains... J'abandonnai ces tête-à-tête forcenés avec moi-même, avec mon adolescence, et j'entrai dans le monde féerique, surpeuplé et solitaire de la création littéraire. Il fait toujours affreusement chaud dans le Sud-Ouest, l'été ; et dans la vieille maison de famille de ma grand-mère, le grenier, avec ses lucarnes et ses poutres croulant sous des ardoises bouillantes, était un véritable four où personne ne montait. Le « placard aux livres », meuble indispensable à toutes les bourgeoisies françaises, y était relégué depuis longtemps. On y trouvait tous les livres interdits dont le plus débauché était, je crois, *Les Civilisés* de Claude Farrère, dans cette fameuse édition jaune avec des eaux-fortes noires qui n'attendrit plus que les gens de ma génération et des précédentes. Autrement, c'était un pêle-mêle effarant de Delly, de Pierre Loti, de La Fontaine, des séries du Masque auxquels s'ajoutaient par miracle trois Dostoïevski et un tome de Montaigne, et, seul survivant des quatorze qu'il avait écrits, un tome de Proust : *Albertine disparue.* Je ne m'étendrai pas sur les atouts de ce grenier : il avait l'odeur, la poussière et le charme de tous les greniers de toutes les enfances — de toutes les enfances du moins qui ont eu la chance d'avoir un grenier. Je me souviens juste d'y avoir transpiré à grosses gouttes sans bouger un cil, assise dans une vieille bergère au velours râpé, surprise parfois par les pas d'un promeneur assez dément pour se risquer sur le Tour de Ville à l'heure de la sieste.

J'ai connu beaucoup de gens depuis qui n'avaient pas pu lire Proust parce qu'ils « n'y arrivaient » pas, parce que Swann, le fameux *Amour de Swann* qu'on leur mettait entre les mains les déconcertait et les ennuyait. Et je crois que, moi-même, si j'avais commencé par les amours d'Odette et l'enfance du narrateur, j'aurais eu beaucoup plus de mal à pénétrer ces interminables domaines. Avec *Albertine disparue*, je rentrais d'emblée dans le drame, je commençais par la seule péripétie de toute l'œuvre proustienne, le seul événement, le seul accident, la seule fois où Proust donne la voix au hasard et où le hasard se présente sous la forme d'un télégramme : « Mon pauvre ami, notre petite Albertine n'est plus, pardonnez-moi de vous dire cette chose affreuse, vous qui l'aimiez tant. Elle a été jetée par son cheval contre un arbre pendant une promenade... » Je commençai par cette phrase et je tombai après à pieds joints dans un chagrin et un désespoir étiré jusqu'à la folie et inexorablement ressassé, commenté, fouaillé par le Narrateur. C'est par ce chemin-là que j'ai fait aimer Proust à de nombreux amis découragés par Swann et qui furent, comme moi, pris à la gorge par *Albertine disparue*. Mais je découvris autre chose, là, dans ce livre que je n'ai cessé de relire en même temps que les autres, bien sûr : je découvris qu'il n'y avait pas de limite, pas de fond, que la vérité était partout, la vérité humaine s'entend, partout offerte, et qu'elle était à la fois la seule inaccessible et la seule désirable. Je découvris que la matière même de toute œuvre, dès l'instant qu'elle s'appuyait sur l'être humain, était illimitée ; que si je voulais — si je pouvais — décrire un jour la naissance et la mort de n'importe quel sentiment, je pouvais y passer ma vie, en extraire des millions de pages sans jamais arriver au bout, sans jamais toucher le fond, sans jamais pouvoir me dire : « J'y suis, je suis arrivée. » Je découvris qu'on n'arrivait jamais, que je n'arriverais jamais qu'à mi-côte, à mi-pente, au millième de pente de ce que je voulais faire ; je découvris que l'être humain qui remplaçait Dieu, ou qui ne le remplaçait pas, qui était fiable ou ne valait rien, qui n'était que poussière et dont la conscience englobait tout, je découvris que cet être humain était mon seul gibier, le seul qui m'intéressât, le seul que je n'arriverais jamais à rattraper, mais que je croirais frôler, peut-être, parfois, dans un de ces grands moments de bonheur que donne la faculté d'écrire. Je découvris aussi en lisant Proust, en découvrant cette superbe folie d'écrire, cette passion incontrôlable et toujours contrôlée, je découvris qu'écrire n'était pas un vain mot, que ce n'était pas facile, et que contrairement à l'idée qui flottait déjà à l'époque, il n'y avait pas plus de vrais écrivains que de vrais peintres ou de vrais musiciens. Je découvris que le don d'écrire était un cadeau du sort, fait à très peu de gens, et que les pauvres nigauds qui voulaient en faire une carrière ou un passe-temps n'étaient que de misérables sacrilèges. Qu'écrire demande un talent précis et précieux et rare — vérité devenue inconvenante et presque incongrue de nos jours ; au demeurant, grâce au doux mépris qu'elle

éprouve pour ses faux prêtres ou ses usurpa-
teurs, la littérature se venge toute seule : elle
fait de ceux qui osent la toucher, même du bout
des doigts, des infirmes impuissants et amers —
et ne leur accorde rien — sinon parfois, par
cruauté, un succès provisoire qui les ravage à
vie.

J'appris donc, aussi, avec Proust, la difficulté
et le sens des hiérarchies dans ma passion.
J'appris tout d'ailleurs, par Proust.

Mais il y a une chose que je dois quand même
bien admettre aujourd'hui en pensant à la
première lecture de ces livres et à leurs paysages, c'est que si, à présent, il m'est impossible
d'expliquer, de comprendre même le déroulement de ma vie, si je ne sais rien, si je n'ai rien
appris au cours d'une existence aisément quali-
fiable d'agitée, il me reste toujours comme des
tremplins ou des boussoles, ces quatre titres de
livres dont, au demeurant, je n'apprécie plus
que la moitié. C'est à eux que mon esprit s'est

référé des années durant ; c'est à eux que s'ac-
crochent les plus vivaces et les plus complets de
mes souvenirs. L'odorat, l'ouïe, la vue et même
le toucher furent dans ces moments-là aussi
marqués que mon intelligence ; alors que les
souvenirs du cœur ne m'ont jamais laissé qu'un
flou complet ou, au contraire, ne comblèrent
qu'un seul sens. L'éclat de l'œil ouvert contre le
sien, de son premier amour, l'odeur de pluie et
de café de la première rupture se sont dévelop-
pés à l'extrême mais au détriment du reste.
Pleuvait-il pendant ce premier baiser, ou me
disait-on adieu les yeux baissés ? Je n'en sais
rien, je vivais trop moi-même. Et il fallut que je
laisse vivre quelqu'un à ma place, que je le lise,
bref, pour que mon existence propre me fût,
enfin, parfaitement sensible.

Œuvres de Françoise Sagan (suite)

LE SANG DORÉ DES BORGIA.
(Dialogues de Françoise Sagan, scénario de Françoise Sagan et Jacques Quoirez, récit d'Étienne de Monpezat.)

IL FAIT BEAU JOUR ET NUIT, *théâtre.*

LE CHIEN COURANT, *roman.*

MUSIQUES DE SCÈNE, *nouvelles.*

Aux Éditions J.-J. Pauvert

RÉPONSES.

LA FEMME FARDÉE, *roman* (co-édition française, Éd. Ramsay).

UN ORAGE IMMOBILE, *roman* (co-édition française, Éd. Julliard).

Composition Bussière
et impression S.E.P.C.
à Saint-Amand (Cher), le 2 avril 1984.
Dépôt légal : avril 1984.
1ᵉʳ Dépôt légal : mars 1984.
Numéro d'imprimeur : 663.

ISBN 2-07-070125-5./Imprimé en France.

33505